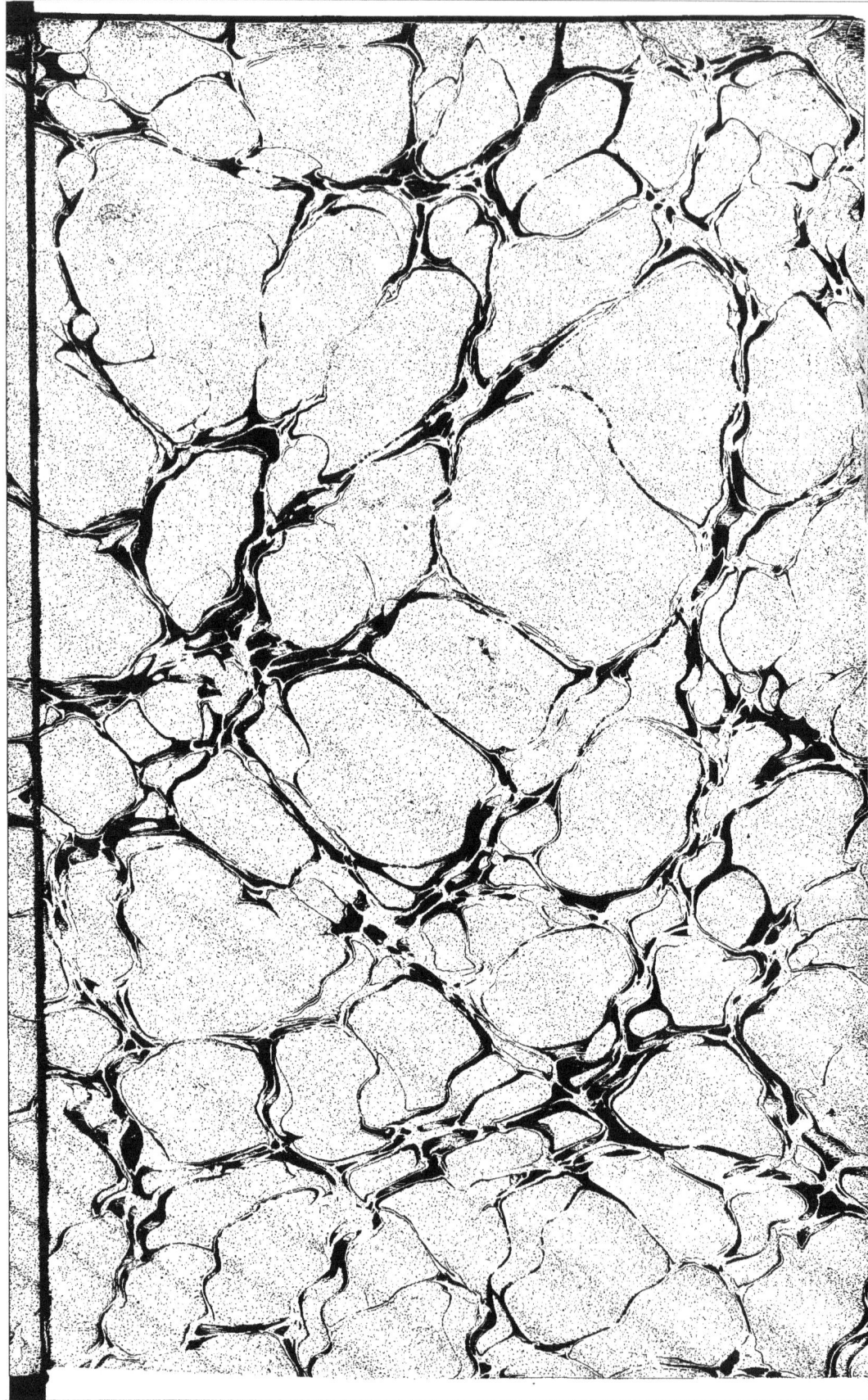

FACULTÉ DE DROIT DE GRENOBLE

DROIT ROMAIN

LE

DÉLIT D'INJURES

DROIT INTERNATIONAL

CONVENTION LITTÉRAIRE ET ARTISTIQUE

INTERNATIONALE

Signée à Berne, le 9 septembre 1886

THÈSE POUR LE DOCTORAT

Présentée et soutenue devant la Faculté de Grenoble
le vendredi 21 décembre 1894

PAR

Jean THOMAS

Avocat à la Cour d'appel de Grenoble,
Lauréat des Concours de Licence et de Doctorat.

GRENOBLE
IMPRIMERIE F. ALLIER PÈRE ET FILS
Cours Saint-André, 26

1894

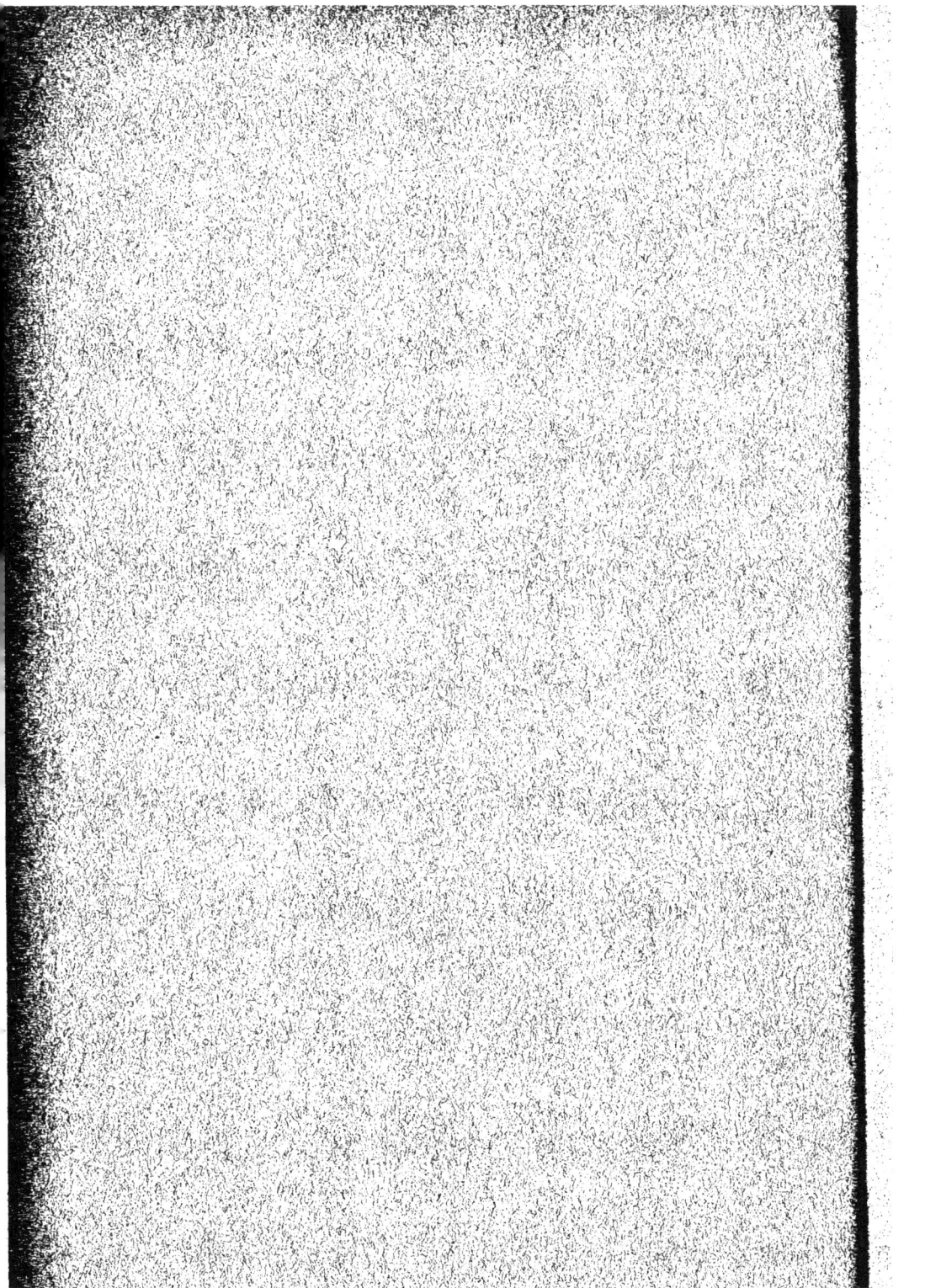

FACULTÉ DE DROIT DE GRENOBLE

DROIT ROMAIN

LE

DÉLIT D'INJURES

DROIT INTERNATIONAL

CONVENTION LITTÉRAIRE ET ARTISTIQUE

INTERNATIONALE

Signée à Berne, le 9 septembre 1886

THÈSE POUR LE DOCTORAT

Présentée et soutenue devant la Faculté de Grenoble
le vendredi 21 décembre 1894

PAR

Jean THOMAS,

Avocat à la Cour d'appel de Grenoble,
Lauréat des Concours de Licence et de Doctorat.

GRENOBLE

IMPRIMERIE F. ALLIER PÈRE ET FILS

Cours Saint-André, 26

1894

FACULTÉ DE DROIT DE GRENOBLE.

MM.	TARTARI,	Doyen, Professeur de Code civil;
	GUEYMARD ✻,	Doyen honoraire, Professeur de Droit commercial;
	TESTOUD,	Professeur de Code civil, *en congé;*
	GUÉTAT,	Professeur de Législation criminelle;
	FOURNIER,	Professeur de Droit romain;
	BEAUDOUIN,	Professeur de Droit romain;
	BALLEYDIER,	Professeur de Code civil;
	MICHOUD,	Professeur de Droit administratif;
	JAY,	Professeur de Droit constitutionnel, *délégué à la Faculté de Paris;*
	PILLET,	Professeur de Droit international;
	BEUDANT,	Agrégé, chargé de cours;
	CAPITANT,	Agrégé, chargé de cours;
	HITIER,	Chargé de cours;
	APPLETON,	Chargé de cours;
	REBOUD,	Chargé de cours;
	ROYON,	Secrétaire.

SUFFRAGANTS.

MM.	BEAUDOUIN,	*président;*
	GUÉTAT,	*professeur;*
	MICHOUD,	*professeur;*
	PILLET,	*professeur.*

À la mémoire de ma Mère.

À mon Père.

DROIT ROMAIN

LE

DÉLIT D'INJURES

BIBLIOGRAPHIE

ACCARIAS.   Précis de Droit romain, t. II, pp. 630 et s. (1879).

DOMAT.   Supplément au Droit public.

GRELLET-DUMAZEAU. Mémoire sur la preuve du fait diffamatoire en Droit
                  romain (*Revue de Législation*, 1846).

HUSCHKE.   Gaius : Beitrage zur Kritik und zum Verstandniss
                  seiner Institutionen (1855), pp. 118 et s.

IHERING.   *Actio Injuriarum* (traduction Meulenaere).

ORTOLAN.   *Institutes* expliquées.

POTHIER.   *Pandectes.*

VOET.   *Pandectes* (édition Maurice, t. IV. — *De Injuriis*).

DEMANGEAT.   Cours élémentaire de Droit romain.

WALTER.   Histoire du Droit criminel chez les Romains (tra-
                  duction Picquet-Damesme).

LE DÉLIT D'INJURES

EN DROIT ROMAIN

CHAPITRE PREMIER.

NOTIONS GÉNÉRALES.

CARACTÈRE PARTICULIER DU DÉLIT D'INJURES ;
DÉFINITION ET FORMES DIVERSES DES INJURES ;
DIVISION : INJURES SIMPLES OU ATROCES, DIRECTES OU INDIRECTES.

SECTION I.

CARACTÈRE PARTICULIER DU DÉLIT D'INJURES.

Le mot *injuria* est loin d'avoir un sens parfaitement délimité en droit romain.

Lato sensu, il s'applique à toute infraction aux lois, à tout ce qui est contraire au droit : *omne quod non jure fit generaliter injuria dicitur*[1].

Dans un sens plus restreint, il est susceptible de plusieurs interprétations, et sert à désigner : soit le fait du juge qui prononce contrai-

---

[1] *Pr. Inst., De injuriis*, IV, 4.

rement aux règles du droit[1], soit la faute dommageable prévue par la loi *Aquilia*[2], soit enfin le délit spécial dont nous allons nous occuper: l'outrage, la diffamation.

Dans ce dernier sens, le mot *injuria* est souvent, et à juste titre, considéré comme synonyme de *contumelia*[3], car dans toute injure il y a un affront, un préjudice causé à cette partie de la personne que les Romains appelaient *dignitas, existimatio*.

Ainsi entendue, l'injure se distingue très nettement des délits ordinaires. Sans doute, d'une manière générale, puisque dans son principe législatif la répression n'est que la protection de la société par elle-même, on peut dire que tous les délits sont perpétrés contre la personne, le vol aussi bien que le meurtre; mais la personne est un tout complexe, et c'est à la partie la plus intime de notre être que s'attaque le diffamateur, à ce bien de notre conscience qui est le fruit de nos bonnes actions et de notre vertu : son délit a pour objet ce qu'on appelle honneur, considération, estime, que l'atteinte soit directe ou indirecte.

De même qu'il y a une rapacité qui convoite la propriété d'autrui et s'enrichit à ses dépens, de même il y a une haine jalouse et méchante qui s'attaque à la réputation d'autrui pour la ternir et la détruire, sans autre profit personnel que la joie de la médisance et de la calomnie.

Le législateur a puni la première, parce que le propriétaire doit avoir la jouissance paisible et exclusive de ce qu'il a acquis par son travail ou par celui de ses pères; il a puni la seconde, parce que l'homme de bien, lui aussi, doit avoir, en dépit de la malice et de l'envie, la jouissance entière de ce patrimoine moral, composé de respect et d'estime.

Le délit d'injures est donc un délit spécial dont les caractères originaux sont intéressants à étudier. C'est une intention perfide et méchante, abstraction faite des actes qui la rendent objective, qu'il s'agit de réprimer ; le dommage causé, lui aussi, est essentiellement moral et non pécuniaire ; la réparation doit avoir la même nature : aussi ne consiste-t-elle pas dans l'amende prononcée par le juge, ce

[1] L. 1, pr. *Dig., De Inj. et fam. lib.*, XLVII, 10.
[2] *Eod. loco.*
[3] L. 1. pr. *Dig., De injuriis et famosis libellis*, XLVII, 10.

n'est là qu'un moyen, mais bien dans la condamnation elle-même, dans le jugement qui rend à la victime de l'injure la considération à laquelle elle a droit devant l'opinion publique.

Il faudrait se garder de croire, néanmoins, que la notion romaine de l'injure procédât d'une analyse philosophique aussi exacte et que, sous la dénomination d'*injuria*, l'on ait toujours poursuivi exclusivement la réparation psychologique d'un dommage purement moral. A l'origine, et même dans la dernière phase de l'évolution législative sur la matière, le mot *injuria* avait un sens beaucoup plus étendu, et visait à la fois les atteintes à la personne physique et les atteintes à la personne morale. Ainsi ne suffit-il pas de se rappeler les dispositions de la loi des XII Tables pour reconnaître avec Huschke que les décemvirs semblent avoir pris en considération la personne physique surtout (*os fractum, membrum ruptum*)[1]. La loi *Cornelia de Injuriis* tendait aussi à la répression de violences matérielles, le fait de *verberare, pulsare, domum vi introire*. Enfin, quand le préteur lui-même[2] déclara punissables les injures atroces adressées à un esclave, il cherchait bien plus à mettre fin aux brutalités injustes, dont l'esclave avait été jusqu'alors la patiente victime, qu'à sauvegarder la *dignitas* ou l'*existimatio* d'un être qui ne jouissait à Rome d'aucune espèce de considération.

Sans doute, sous cette atteinte à la personne physique se cache une lésion immatérielle à la personne morale, mais croire que cette dernière ait toujours été seule envisagée par les textes sur l'*injuria*, ce serait sacrifier à une idée beaucoup plus moderne que romaine. Ainsi, en quoi la peine du talion, l'exercice de la vengeance privée, admise dans la rudesse du droit primitif, constitue-t-elle une réparation psychologique, une restauration de l'*existimatio* de la victime ? Nous verrons plus tard qu'en cette hypothèse, la loi décemvirale semble même ne pas se préoccuper de l'intention de l'agent pour autoriser la vengeance ; n'est-ce pas dire que ce qu'elle envisage avant tout, c'est le fait matériel de la violence ?

La lésion a encore un caractère particulier dans le délit d'injures. « Dans la lésion juridique injurieuse, l'auteur s'engage ouvertement,

---

[1] Huschke : *Gaius. Beiträge zur Kritik und zum Verständniss seiner Institutionen*, p. 127, *in principio*.
[2] L. 15, § 34, *Dig.*, XLVII, 10.

« en personne, à raison de la lésion ; il avoue avoir fait ce qu'il a fait.
« Dans la lésion non injurieuse, au contraire, il cherche à se sous-
« traire aux conséquences de son fait, il a peur qu'on ne le découvre
« et cherche à l'empêcher le plus possible ; le voleur, en agissant
« clandestinement, le trompeur, en observant les formes légales du
« droit, le brigand, en escomptant qu'il ne sera point reconnu ou,
« tout au moins, qu'il échappera aux atteintes de la justice. Bref,
« toutes ces personnes redoutent le droit ; elles cherchent à échapper
« aux conséquences préjudiciables de leur conduite. Aucune d'elles
« ne sera assez folle pour dire : j'ai volé, trompé, soustrait par vio-
« lence. Elles fuient le droit ; aucune d'elles n'assume en personne la
« responsabilité de sa conduite. Celui-là, au contraire, qui commet
« une lésion injurieuse, agit tout autrement ; il ne redoute point le
« droit, il le méprise ouvertement. Toutes les lésions injurieuses se
« présentent en des circonstances où le droit d'autrui est incontes-
« table et se trouve ouvertement foulé aux pieds. Là est précisément
« le côté personnellement blessant qui imprime à cette forme de
« lésion, en opposition avec toutes les autres, le sceau de l'injure[1]. »

Ce mépris du droit ou de la personnalité d'autrui, tel que nous
venons de le caractériser, pouvait se traduire de mille manières différentes, et l'action destinée à le punir avait, à Rome, du moins après
l'extension que lui donna la jurisprudence prétorienne, un champ
d'application presque infini ; aussi ne faudra-t-il pas s'étonner que
nous trouvions qualifiés d'injures des faits qui, dans nos idées moder-
nes, laissent intacts l'honneur ou la considération de celui qui en est
victime. Qui songerait aujourd'hui à accorder cette action à l'acheteur qui, après la vente et la tradition de la chose vendue, se voit
empêché par son vendeur d'aller prendre sur le fonds de ce dernier
la vendange qui formait l'objet du contrat[2] ; à la caution, sommée de
payer, alors que le débiteur est disposé à se libérer lui-même[3] ; à
celui que je cherche à faire passer pour mon débiteur alors qu'il ne
l'est pas[4] ? Nous essaierons plus tard de rechercher la cause de l'étendue du champ d'application ainsi ouvert à l'*actio injuriarum*.

[1] Ihering, *Actio injuriarum*, pp. 32-33, traduction Meulenaere, Paris, 1888.
[2] L. 25, *Dig.*, *De act. empti*, xix, 1.
[3] L. 19, *Dig.*, xlvii, 10.
[4] L. 15, § 33, *Dig.*, xlvii, 10.

Qu'il nous suffise de remarquer ici que ce délit ne correspond pas au délit d'injures, tel qu'il est défini dans notre droit pénal moderne, où ce mot a perdu le sens vaste que lui donnaient les jurisconsultes romains. Pour nous, l'injure consiste dans une parole outrageante, un terme de mépris ou une invective, dans un fait immatériel qui n'atteint que la personne morale. Nous verrons, au contraire, dans les lois romaines, l'innombrable variété de faits qui étaient compris sous ce nom d'*injuria* : invectives, expressions outrageantes émises soit par la parole, soit par l'écriture, n'étaient qu'une des formes nombreuses sous lesquelles ce délit pouvait être commis.

Tout un titre, au *Digeste*, est consacré au délit d'injures[1]. Notre intention n'est pas de nous perdre dans le dédale des mille espèces qui s'y trouvent citées, mais bien plutôt de rechercher les principes qui s'en dégagent, et de tenter ainsi une théorie romaine du délit d'injures.

SECTION II.

DÉFINITION ET FORMES DIVERSES DES INJURES.

Il serait impossible d'enfermer dans une définition brève et précise tous les faits susceptibles de constituer une injure[2].

Sintenis, distinguant entre la lésion immédiate et la lésion médiate de la personnalité, voit une injure dans toute atteinte à l'honneur ou aux droits d'une personne[3].

« On appelle injure, dit Domat[4], tout ce qu'on dit, ce qu'on écrit « et ce qu'on fait, de dessein prémédité, dans la vue d'offenser quel-qu'un et de lui faire affront. »

---

[1] Nota. — Nous aurons de très fréquents appels à faire à ce titre, et nous faisons observer ici que les textes que nous lui emprunterons ne seront désignés que par le chiffre de la loi et le paragraphe, le cas échéant. Quant à l'indication du Livre et du Titre, nous la donnons une fois pour toutes : *Digeste*, Livre XLVII, Titre 10 : *De injuriis et famosis libellis.*

[2] ACCARIAS, t. II, p. 633.

[3] SINTENIS, *Das praktische gemeine Civilrecht*, II, § 124, cité par IHERING, *op. cit.*, p. 19.

[4] *Droit public*, t. XI, § 1.

Sans être parfaites, ces définitions ont un mérite : la première, dans sa trop vaste généralité, met nettement en lumière une double fonction de l'*actio injuriarum,* que nous retrouverons plus tard ; la seconde répond très exactement à celle de Labéon[1], et a l'avantage d'indiquer, dans une formule précise, les éléments du délit d'injures, en même temps que les trois formes principales qu'il peut revêtir, la parole, l'écriture, l'action (*re, verbis, scriptura*).

1° L'injure a lieu : *Re,* dit Ulpien, *quoties manus inferuntur*[2], et, par cette expression, il ne faut pas entendre seulement le cas où une personne a porté la main sur une autre. Il y a injure réelle, selon la plupart des commentateurs, si je vous montre le poing en signe de menace, si je saisis une pierre, feignant de vous la lancer, si je vous adresse un geste quelconque de nature à vous outrager. Bien plus, cette classe d'injures comprend une foule d'actes dans lesquels il n'y a pas, à proprement parler, *manus illata.* Ainsi apparaît déjà ce sens vaste du mot *injuria,* que nous signalions plus haut. Les textes nous fournissent à cet égard des exemples nombreux que nous nous garderons bien d'épuiser.

Aux yeux des Romains, mépriser les droits d'une personne, c'est mépriser la personne elle-même. Qui ne voit une injure dans le fait de mettre malicieusement obstacle à la célébration d'un mariage, en arrêtant le cortège joyeux qui conduisait, à Rome, la nouvelle mariée au domicile du mari, ou dans le fait plus outrageant encore d'arrêter un convoi funèbre qui mène un parent à sa dernière demeure ? C'est, qu'en effet, l'homme est respectable dans sa joie comme dans sa douleur, et il a le droit de s'y abandonner sans entrave, quand elles procèdent de sentiments pieux et honorables.

Adresser une *in jus vocatio* frivole[3], empêcher un homme de marcher dans un chemin public ou de pêcher dans la mer, ce qui est un droit commun à tous les citoyens[4], enlever à une matrone celui ou celle qui l'accompagne par la ville[5], exciter à la débauche, fût-ce

---

[1] L. 1, § 1er.
[2] L. 1, § 1er.
[3] L. 13, § 3.
[4] L. 13, § 7.
[5] L. 1, § 2.

même un esclave[1], insulter à la mémoire d'un défunt[2], sont autant d'actes qualifiés injures par la jurisprudence romaine, et montrant combien variable et changeante est l'apparence du délit d'injures.

Nous verrons plus tard que le droit prétorien s'est appliqué, dès l'origine, à rendre de jour en jour plus efficace et plus facile la répression d'un délit qui, sous mille formes sans cesse renouvelées, s'appliquait à la considération des particuliers et à l'honneur du foyer domestique.

2° De même que toute action tendant à déconsidérer un homme constitue une injure réelle, de même toute parole tendant au même but constitue une injure verbale : la moralité du fait est la même, quelque différents que soient les moyens d'exécution. Aussi Ulpien ne sépare-t-il pas l'action de la parole dans le texte suivant : *Generaliter vetuit prætor quid ad infamiam alicujus fieri. Proinde quodcumque quis fecerit vel dixerit, ut alium infamet, erit actio injuriarum*[3].

La formule est générale en même temps que précise, et elle dispensait les rédacteurs du *Digeste* de multiplier ici les citations de cas particuliers. Aussi n'en ont-ils mentionné qu'un petit nombre, qu'il est néanmoins intéressant de connaître, car ils mettent en lumière certains côtés des mœurs romaines.

Au premier rang des injures verbales figure le *convicium,* qu'on pourrait appeler un cas d'injure qualifiée, se distinguant des autres *maledicta,* en ce qu'il implique une plus grande publicité et, par suite, un affront plus sanglant : *Convicium autem dicitur, vel a concitatione, vel a conventu, hoc est a collatione vocum : cum enim in unum complures voces conferuntur, convicium appelatur, quasi convocium*[4]. Quoi qu'il en soit des diverses étymologies proposées par Ulpien, ce qui nous paraît caractériser le *convicium,* c'est le grand éclat donné à l'injure. Dire avec bon nombre de commentateurs que le *convicium* est essentiellement un délit collectif, le fait par un attroupement de poursuivre de ses huées une personne présente ou

---

[1] L. 9, § 4.
[2] L. 1, § 6.
[3] L. 15, § 27.
[4] L. 15, § 4.

même absente (car Labéon prévoit les deux cas)[1], c'est confondre l'effet avec la cause. Sans doute, la plupart du temps, le *convicium* occasionnera une certaine rumeur, mais ce qu'il faudra rechercher, c'est si celui qui a injurié, a vociféré, pour me servir de l'expression latine[2], avec intention de se faire entendre du plus grand nombre de personnes possible, si enfin le fait s'est produit *in cœtu et cum vociferatione*[3].

C'était commettre une injure verbale que de suivre une femme dans la rue en lui tenant des discours contraires à la morale : *blanda oratione alterius pudicitiam adtentare*[4]. C'était encore commettre une injure que de s'engager auprès d'un plaideur (soit disant au nom du juge), à lui procurer gain de cause moyennant une somme d'argent[5]. Cette injure était punie de la bastonnade, et l'on raconte qu'un de ces trafiquants de sentences fut condamné par Alexandre Sévère à périr asphyxié : *fumo pereat, inquit, qui vendidit.*

3° Une législation qui frappait si durement l'injure verbale devait se montrer impitoyable pour les injures écrites, car celles-ci portent à l'honneur, à la considération une atteinte à la fois plus durable et plus profonde. En outre, la pensée méchante et jalouse qui se traduit par des écrits paraît accuser chez son auteur plus de perversité, à raison de la réflexion qui précède. De là cette sévérité particulière dont l'injure écrite a toujours été l'objet et dont il est facile de suivre les traces à travers l'évolution de la législation romaine en matière d'injures, depuis la loi des XII Tables jusqu'à Justinien. L'infamie[6], la privation du droit de tester[7], la déportation[8] et jusqu'à la peine capitale[9], telles sont les pénalités que la loi romaine n'a pas craint d'appliquer successivement à ce que nous appellerions aujourd'hui des délits de presse.

Sous la dénomination de *famosus libellus,* il faut entendre toute

[1] L. 15, § 7.
[2] L. 15, § 8.
[3] L. 15, § 12.
[4] L. 15, § 20.
[5] L. 15, § 30.
[6] Paul Sent., V, 4, § 9.
[7] L. 5, § 9.
[8] Paul Sent., V, 4, § 15.
[9] Loi unique, C., *De famosis libellis,* IX, 36.

composition, récit, poème, satire, comédie, pamphlet qui porte atteinte à la considération d'autrui. Il faut aussi, avec Ulpien [1], assimiler à l'écriture tous les autres moyens de reproduction de la pensée qui parlent aux yeux, inscriptions, peintures, sculptures, dessins licencieux que les diffamateurs exposaient la nuit dans des lieux publics, afin que, dès le matin, la foule en prît connaissance.

On a soutenu, sur un argument grammatical très douteux, qui rapporte les mots *etiamsi alterius nomine* à la personne objet de la diffamation et non au diffamateur [2], que la composition incriminée devait être anonyme pour tomber sous le coup des peines des libelles et que l'écrit signé devait être simplement assimilé à une injure verbale. Voët pense avec raison que cela ne doit pas être admis : ce dont il faut se préoccuper, c'est bien plutôt de la gravité du préjudice causé que de la signature de l'auteur du libelle. D'ailleurs, pourquoi se montrer indulgent pour celui qui, en se désignant comme l'auteur de l'écrit, affiche un plus profond mépris du droit d'autrui en ajoutant l'impudence à l'injure ? Ne serait-ce point, comme le dit Voët, appliquer dans une certaine mesure le proverbe : *Dare veniam corvis, vexare vero censura columbas* ?

Quant à la personne contre laquelle le libelle a été composé, il n'est pas nécessaire qu'elle soit *certa,* nettement désignée, et c'est là une différence à noter entre l'injure verbale et l'injure écrite. Grotius l'a niée, mais l'opinion de Voët [3] nous paraît plus fondée et plus conforme au sénatusconsulte que Paul appelle *necessarium : cum nomen adjectum non est ejus, in quem factum est ; tunc ei quia difficilis probatio est, voluit senatus publica quæstione rem vindicari* [4]…. Paul explique très bien pourquoi ce sénatusconsulte était nécessaire, même à côté de l'action prétorienne : la personne diffamée n'étant pas nommée était, faute de preuve évidente, condamnée à l'inaction, car elle ne pouvait pas, conformément à l'édit, *certum dicere* [5]. Pour faire cesser l'impunité dont jouissait le coupable qui avait adroitement voilé ses attaques, le Sénat crée une action publique,

---

[1] L. 5, § 10.
[2] L. 5, § 9.
[3] *Pandectes, De Injuriis,* 47, 10, § 10, édition Maurice, tome IV, pp. 436-437.
[4] L. 6.
[5] L. 7, pr.

1*

dispensant l'accusateur de prouver que l'imputation était sûrement dirigée contre telle personne.

En résumé, des voies de fait, des paroles, des écrits, des actes entravant l'exercice des droits d'un tiers ou qui peuvent compromettre sa réputation, l'injure embrasse tout cela ; et ce que l'on peut dire de moins vague quand on ne veut pas se perdre dans le détail infini des espèces, c'est que l'injure résulte toujours d'une atteinte médiate ou immédiate à la dignité d'autrui par un fait que les bonnes mœurs réprouvent[1].

Telles sont, rapidement définies et caractérisées par quelques exemples, les trois formes possibles de l'injure. Hâtons-nous d'ajouter que, du moins pour les deux premières, cette division, généralement adoptée, n'est pas d'un grand intérêt pratique : elle procède d'une analyse exacte de la nature des choses, mais elle ne correspond, dans l'application, à rien de bien déterminé.

Tout autre est l'importance d'une seconde division indiquée au *Digeste* et qui distingue, d'une part, entre l'injure ordinaire ou simple et l'injure atroce, d'autre part, entre l'injure directe et l'injure indirecte.

SECTION III.

DIVERSES ESPÈCES D'INJURES.

Quelle que soit leur forme (*re, verbis, scriptura*), les injures peuvent être simples ou atroces, directes ou indirectes.

1° *Injure simple ou atroce.* — « L'injure atroce n'est pas plus « facile à définir que l'injure ordinaire. Si l'on dit en effet qu'elle se « caractérise par une gravité exceptionnelle, on dit vrai, sans doute, « mais on reste dans le vague[2]. »

L'atrocité résulte de certaines circonstances concomitantes au

---

[1] L. 15, §§ 2 et 38.
[2] ACCARIAS, t. II, p. 635.

fait principal et qui ont pour effet, soit de le rendre punissable alors qu'il ne le serait pas par lui-même, soit d'en aggraver la pénalité normale, soit enfin de modifier la procédure suivie pour sa répression. Ces circonstances sont nombreuses et l'appréciation en est abandonnée au juge qui peut, dans une large mesure, élever ou abaisser la peine, selon que l'atrocité lui paraît plus ou moins grande. Elles sont assez heureusement résumées dans ce précepte de Quintilien : *Atrocitas crescit ex his, quid factum sit, a quo, in quem, quo animo, quo tempore, quo loco, quo modo*[1].

On conçoit aisément, en effet, qu'une injure puisse, sous l'influence de ces divers éléments, revêtir un caractère exceptionnellement grave. Gaïus[2] et Justinien[3], se contentant d'indiquer les principales circonstances d'où résulte ce caractère d'atrocité, en signalent trois : la nature du fait, la qualité de la personne et le lieu.

L'injure sera atroce *facto*, lorsqu'il aura été porté des coups, en raison de leur violence ou de la partie atteinte : *Re atrocem injuriam haberi, ait Labeo, ut puta si vulnus illatum, vel os alicui percussum*[4], et Paul ajoute : *Vulneris magnitudo atrocitatem facit, et nonnunquam locus vulneris, velut oculo percusso*[5].

L'atrocité peut résulter, en second lieu, de la qualité de l'offenseur et de celle de l'offensé, c'est-à-dire de la distance que le rang social, les convenances, les liens de famille mettent entre la victime et le délinquant. Il est plus grave d'insulter un magistrat qu'un simple particulier[6], et qui ne sent combien l'outrage est plus douloureux pour un père lorsqu'il lui est infligé par son propre fils, ou pour parler avec le poète, que :

« Plus cher est l'offenseur et plus chère est l'offense[7]. »

C'est pour des raisons analogues que l'injure adressée à un patron par son affranchi est toujours présumée atroce.

---

[1] *De Inst. orat.*, l. V, ch. Ier.
[2] G., III, § 225.
[3] § 9, *Inst.*, IV, 4.
[4] L. 7, § 8.
[5] L. 8.
[6] L. 7, § 8.
[7] Corneille, *Le Cid*.

Il faut prendre encore en considération la qualité de l'offenseur :
*Quœdam injuriæ a liberis hominibus factœ, leves, nonnullius mo-
menti videntur ; enimvero a servis graves sunt*[1]. Autres temps,
autres mœurs ; le sentiment qui a inspiré cette loi n'est peut-être pas
aujourd'hui le nôtre, et il semble qu'une injure doit d'autant moins
facilement nous atteindre qu'elle est partie de plus bas, mais il n'en
était pas ainsi dans l'aristocratie romaine.

Enfin l'injure sera atroce *loco* ou *tempore* lorsqu'elle aura été
commise dans un lieu public, en présence d'une foule nombreuse, et
plus les témoins seront élevés en dignité, plus le lieu sera auguste,
plus l'injure sera grave[2].

On voit par ces développements que la loi romaine ne donne pas
une définition doctrinale de l'atrocité ; elle se borne à citer un certain
nombre d'exemples d'après lesquels le juge statuera dans les cas
nouveaux par voie d'analogie. Mais ce qu'il est plus important de
déterminer, ce sont les conséquences de l'atrocité quand le juge en
a constaté l'existence.

L'intérêt de la distinction apparaît d'abord en ce que, au regard
de certaines personnes, l'action ne peut être intentée qu'autant
qu'elle est fondée sur une injure atroce : tel est le cas de l'affranchi
vis-à-vis du patron, du fils envers son père (encore faut-il supposer
le fils *sui juris,* car tant que subsistent les liens de la puissance
paternelle il n'y a pas de procès possible entre le père et le fils). L'injure
adressée à un esclave et ne visant que lui, ne pouvait procurer d'action à son maître qu'autant qu'elle était atroce : au cas, par exemple,
où l'esclave aurait subi les tortures de la question[3].

L'intérêt apparaît non moins grand dans les procédés à suivre
pour déterminer le montant de la condamnation encourue. L'estimation, s'il s'agit d'une injure simple, est faite par le demandeur devant
le juge, et s'il s'agit d'une injure atroce, par le magistrat, dans la formule. En l'un et l'autre cas, cette estimation lie le juge, en ce sens
qu'il ne peut la dépasser, mais il est toujours libre de la réduire.
Seulement, fait remarquer Gaius[4], quand l'estimation est l'œuvre du

[1] L. 17, § 3.
[2] L. 9, §1.
[3] L. 15, § 35.
[4] G., III, § 224.

magistrat, par respect pour l'autorité qui s'attache aux décisions du préteur, le juge n'ose pas condamner à une somme moindre que celle qui lui est indiquée dans la formule comme un maximum qu'il ne peut pas dépasser.

Enfin, d'après Schulting, il faudrait signaler une troisième différence entre les injures simples et les injures atroces : ces dernières n'auraient donné lieu pendant longtemps qu'à une poursuite criminelle. Ce serait seulement depuis un rescrit de Caracalla qu'on aurait pu agir civilement à raison de ces faits. Cette conjecture s'appuyait sur le texte d'Ulpien : *Posse hodie de omni injuria, sed et de atroci, civiliter agi, imperator noster rescripsit*[1] ; mais elle ne peut plus se soutenir depuis la découverte du manuscrit de Gaius qui, nous venons de le voir, règle minutieusement le rôle du préteur et du juge dans l'estimation de l'injure atroce[2].

Resterait alors à préciser le sens, la portée exacte du texte d'Ulpien, que nous venons de reproduire. Nous y renonçons, pour nous autoriser à ranger ce texte au nombre de ceux qui, grâce aux procédés suivis par les auteurs de la compilation, détachant une phrase du texte qui aurait servi à l'expliquer, demeurent une énigme pour l'imagination la plus féconde.

2° *Injures directes et injures indirectes.* — Considérées sous le rapport de leur incidence, les injures sont directes ou indirectes. Directes, quand elles s'adressent à la personne même qu'on a l'intention d'offenser ; indirectes, lorsqu'elles sont dirigées contre les personnes qui sont sous sa puissance[3]. Dans ce cas, la présomption est que l'offenseur, qui avait connaissance de la dépendance d'une personne vis-à-vis d'une autre, a voulu atteindre celle de laquelle elle relevait. Le maître peut donc être outragé dans la personne de ses esclaves, le père dans la personne de ses enfants, le mari dans la personne de sa femme *in manu*, les enfants et les héritiers dans la personne des morts dont ils sont les continuateurs. Nous retrouverons bientôt toutes ces hypothèses.

[1] L. 7, § 6.
[2] G., III, 224.
[3] L. 1, § 3.

CHAPITRE II.

ÉLÉMENTS ESSENTIELS DU DÉLIT D'INJURES.

Nous avons, dans les pages qui précèdent, déterminé à différents points de vue diverses classes d'injures. Nous en avons cité des exemples nombreux, tous empruntés aux textes mêmes de la législation romaine. Nous devons maintenant dégager la loi générale de tous ces faits particuliers, et, laissant de côté tout ce que chacun d'eux a de spécial et d'accidentel, préciser les caractères communs, les éléments essentiels de tout délit d'injures.

Un acte injurieux et illégal,

Une intention perfide et méchante,

Une atteinte outrageuse,

tels sont les trois éléments nécessaires de tout délit d'injures.

SECTION I.

ACTE INJURIEUX ET ILLÉGAL.

L'acte, c'est le corps même du délit : la nécessité en est donc évidente. Cet acte doit revêtir un double caractère : il doit être à la fois injurieux et illégal. Il doit être injurieux, c'est-à-dire porter en quelque sorte le sceau d'une intention malveillante : violence matérielle, propos outrageant, écrit diffamatoire, démarche quelconque dont l'effet peut être de déconsidérer celui qui en est l'objet.

Le second caractère, l'illégalité, n'est pas moins indispensable. Il est hors de doute, en effet, que quelque injurieux et dommageable que puisse être à quelqu'un le fait d'autrui, si ce fait est d'ailleurs légal, et qu'en l'accomplissant l'agent n'ait fait qu'user de son droit, la personne lésée ne sera jamais admise à demander la réparation du préjudice matériel ou moral éprouvé par elle. Ulpien et Paul sont formels sur ce point[1]. La maxime *qui suo jure utitur neminem lædit,* a trouvé en matière d'injures de fréquentes applications dans les textes, qu'il s'agisse de l'exercice d'un droit public ou d'un droit privé : nous nous contentons d'y renvoyer[2].

Une question plus délicate est celle de savoir si celui qui répond à l'injure par l'injure échappe à toute poursuite. Bien que les textes précis fassent ici défaut, il n'est pas douteux que celui qui repousse l'injure par l'injure, use en cela du droit de légitime défense.

Pour la même raison, un plaideur n'encourt point l'action d'injures lorsqu'il cherche à démontrer que les juges ne doivent ajouter aucune foi à la déposition d'un témoin. Il n'est même pas nécessaire que ces reproches soient complètement justifiés, mais ils ne doivent pas cependant être dénués de toute preuve ou dépourvus de toute vraisemblance. Car il ne faut pas que les privilèges de la défense deviennent un moyen d'outrager impunément la partie adverse et ses témoins : *agant (advocati) quod causa desiderat, temperent se ab injuria*[3]. Ce sage conseil n'a pas toujours été suivi à Rome, et tel plaidoyer de Cicéron n'est qu'une superbe et sanglante invective ; plus d'une fois l'orateur semble se réclamer de cette franchise dont, d'après lui, jouissait la comédie : *Fuit lege concessum ut quod vellet comœdia de quo vellet nominatim diceret.*

SECTION II.

INTENTION DE NUIRE.

L'élément intentionnel a ici une influence prépondérante. L'injure, envisagée indépendamment de l'acte qui la manifeste, se résume en

---

[1] L. 13, § 1er et L. 33.

[2] Voir : L. 13, § 2, § 4, § 5 ; L. 15, §§ 13, 36, 37, 42 ; L. 17, §§ 1 et 8 ; L. 1, pr. et § 8, *Dig., De inspiciendo ventre,* 25, 4.

[3] L. 6, § 1er, Code, *De postulando,* 11, 6.

une intention de nuire appliquée à un objet particulier appelé *dignitas, fama, existimatio*. Le procédé par lequel l'injure se traduit, la
parole qui m'a été adressée, le coup qui m'a été porté, en un mot, le
corps du délit, ne sert qu'à marquer le degré de perversité de l'intention, et par suite la gravité de l'injure. A Rome, traiter d'esclave un
homme libre, c'est lui faire injure ; le frapper de verges, c'est lui
faire injure d'une autre manière. Laquelle des deux injures sera le
plus sévèrement punie ? La seconde évidemment, parce que, si de
l'acte on remonte à l'intention, on reconnaît qu'elle est plus malveillante quand elle s'accuse par des coups que lorsqu'elle s'accuse par
des paroles. Il ne faudrait donc pas dire, dans l'espèce, que les coups
méritent d'être plus punis que les paroles ; car, en eux-mêmes, les
coups ne peuvent donner lieu à une action qu'autant qu'ils ont causé
un dommage matériel, prévu par l'action de la loi *Aquilia*. Ce qu'il
faut dire, c'est que de quelque manière que se manifeste cet élément
subjectif de l'injure, qui est l'intention malveillante, c'est elle seule
que le législateur a voulu et devait atteindre ; c'est cette intention
qui est la condition *sine qua non* de l'injure. Toute cette théorie
romaine se peut résumer en deux mots : *Injuria ex affectu facientis
consistit*[1].

Cette préoccupation de l'intention de l'agent domine souverainement dans toutes les espèces citées au *Digeste*[2]. Cette nécessité d'une
intention malveillante est d'une telle évidence, qu'il semble qu'en la
spécifiant dans de nombreux exemples, les jurisconsultes romains
aient pris un soin superflu. S'ils l'ont fait cependant, ce n'est pas,
croyons-nous, sans motif : ils ont voulu nettement circonscrire le
domaine de l'action d'injures et le séparer du domaine propre à
l'action de la loi *Aquilia*. Dans bien des cas, en effet, semblables en
apparence, le seul *criterium* du demandeur hésitant entre les deux
actions résidera précisément dans l'intention qu'a eue le défendeur[3].

La règle *injuria ex affectu facientis consistit* nous permet de
répondre aisément à cette question :

Qui peut faire l'injure ?

---

[1] L. 3, § 1er.
[2] L. 13, § 3 ; L. 15, §§ 32, 33 ; L. 19 ; L. 20 ; L. 32 : dans tous ces textes nous voyons
revenir les mots *injuriæ faciendæ causa, vexandi causa, infamandi causa*.
[3] L. 4, *h. t.* et L. 45, § 2, *Dig., Ad legem Aquiliam*, IX, 2.

Seuls le peuvent ceux qui peuvent avoir, ou ont eu l'intention d'injurier. Or, chez certaines personnes, cette intention malveillante ne se conçoit pas, soit à raison de leur âge, soit à raison de leur état mental : ce sont : l'impubère *infans* ou *infantiæ proximus*, le *furiosus* et l'*amens*[1] : *hos ætas et fati infelicitas doli capaces non facit*[2]. Il en est d'autres qui ne sont pas présumées, bien que *doli capaces*, avoir eu l'intention d'injurier : ce sont celles qui font un acte, injurieux en soi, sans sortir de leurs attributs : c'est, par exemple, un magistrat qui, du haut de son Tribunal, blâme sévèrement la conduite d'un plaideur ; un précepteur qui inflige une correction à son élève ; un ouvrier à son apprenti[3]. La haine méchante et passionnée peuvent bien faire franchir les limites que la raison impose en cette matière ; mais un pareil abus de pouvoir ne se présume pas, il doit se prouver, et c'est précisément en cela que consiste la dérogation au principe que le caractère injurieux de l'acte joint à la *doli capacitas* font présumer l'intention malveillante. Ici nous sommes en présence de l'exercice d'un droit et, faute de preuve contraire, on applique la maxime : *juris executio non habet injuriam*[4].

La colère et l'ivresse sont-elles, comme la folie, exclusives de l'intention ? La colère a été appelée une folie passagère, et il est certain, quant à l'ivresse, qu'elle produit l'égarement de l'esprit. Cependant ni la colère, ni l'ivresse ne sont incompatibles avec l'injure. C'est ce qu'il nous est permis d'induire, sinon de textes précis, du moins du caractère général de la législation romaine. Qui ne sait, en effet, combien cette législation était empreinte des idées de la philosophie stoïcienne qui n'admet pas que la volonté puisse être facilement viciée par des influences quelconques, au point de repousser toute responsabilité ? En ce qui concerne la colère, la question se trouve en quelque sorte préjugée par un rescrit des empereurs Dioclétien et Maximien, inséré au *Code de Justinien*[5] : Victorinus s'était oublié, dans la chaleur d'une querelle, jusqu'à traiter quelqu'un de meurtrier. Il consulte les Empereurs sur les suites de ce fait, et ceux-ci lui

[1] L. 3, § 1er.
[2] L. 12, *Dig.*, *Ad legem Corn. de sic.*, XLVIII, 8.
[3] VOET, *op. cit.*, *De inj.*, § 2, p. 429.
[4] L. 13, § 1er.
[5] L. 5, *Code*, *De injuriis*, IX, 35.

répondent qu'il ne peut pas opposer à l'action d'injures d'autre moyen que celui tiré de la prescription, en supposant qu'il se soit écoulé le temps nécessaire pour qu'elle s'accomplisse.

En ce qui touche l'ivresse, les textes font absolument défaut, et l'on ne s'étonnera point de l'extrême diversité d'opinion des commentateurs [1]. La vérité, croyons-nous, se trouve entre deux théories extrêmes : l'une trop indulgente et voyant dans l'ivresse une cause d'excuse absolue, l'autre trop rigoureuse, voulant que l'homme ivre soit doublement puni et *propter ebrietatem* et *propter delictum* [2].

Notre conclusion est donc que la colère et l'ivresse peuvent, suivant les circonstances, constituer une excuse atténuante, mais qu'elles ne sont pas, en principe, exclusives de l'intention. Il y a sur ce point une lacune que les préteurs ne paraissent pas avoir comblée. Mais les inconvénients qui auraient pu naître de l'imprévoyance de la loi étaient heureusement corrigés par la liberté d'appréciation laissée au magistrat et par les pouvoirs du juge, autrement plus larges que ceux de nos Tribunaux.

Relativement au point de savoir qui peut injurier, reste à examiner l'effet du mandat.

Il ne peut être une circonstance exclusive d'injure, ni pour le mandant, ni pour le mandataire [3]. Le mandant, s'il n'est pas l'agent direct du délit, en est du moins le complice. Quant au mandataire, il faut admettre qu'il a dû partager l'intention malveillante du mandant, puisqu'il l'a réalisée ; bien que sa culpabilité dans certains cas semble être singulièrement atténuée, si l'on songe qu'il a pu n'être qu'un instrument, tout comme la main ou le bâton qui frappe est un intermédiaire irresponsable entre la volonté qui les met en mouvement et l'honneur qui reçoit l'offense. C'est un fils qui reçoit de son père, un esclave de son maître, l'ordre d'injurier quelqu'un. Ils ont obéi. La crainte révérentielle résultant de l'autorité paternelle ou dominicale affranchit-elle le fils ou l'esclave de toute responsabilité ? Nullement, car la contrainte morale ne saurait supprimer toute

---

[1] Voir en particulier VOET, *Pandectes, De injuriis et famosis libellis*, § 1er, tome IV, p. 428.

[2] L. 11, § 2, *Dig., De pœnis*, XLVIII, 19 ; L. 38, § 8, *Dig., Ad legem Jul. de adult.*, XLVIII, 5 ; L. 12, *pr. in fine, Dig., De custod. et exhibitione reorum*, XLVIII, 3.

[3] L. 11, § 3.

personnalité, toute liberté d'action et, par suite, toute culpabilité : *coacti voluerunt, voluerunt tamen*. La volonté est plus forte que la contrainte morale : *noxa caput sequitur, nec in omnia servus domino parere debet*[1], et ce précepte doit, *a fortiori*, s'appliquer au fils invité par son père à commettre une injure envers autrui[2].

SECTION III.

NÉCESSITÉ DE L'ATTEINTE OUTRAGEUSE.

L'intention mauvaise ne suffit pas pour consommer le délit d'injures, il faut que cette intention manifestée ait eu, non seulement pour but, mais encore pour résultat, la perte infligée à quelqu'un d'une partie de son honneur, de sa considération. De là, nous tirons les conclusions suivantes :

Si celui auquel s'adressait l'injure était à ce point avili qu'il ne lui restât rien de ce patrimoine moral que possèdent les gens de bien, l'action d'injure devrait lui être refusée : qui n'a rien ne peut rien perdre et qui n'a rien perdu n'a pas le droit de se plaindre. Cette conséquence ne trouvera jamais dans la pratique une entière application, car quelque dégradé que soit un homme, la loi seule peut le flétrir ; l'humanité ne peut que le plaindre ; mais il n'est pas impossible de lui trouver dans les lois romaines des applications partielles : c'est ainsi qu'une matrone romaine est insultée, là où une courtisane ne le serait pas ; des sénateurs romains, des hommes libres, là ou de simples citoyens, des esclaves ne le seraient pas[3].

Si la personne offensée n'est pas déterminée, il n'y a pas d'injure : *Si incertæ personæ convicium fiat nulla executio est*[4]. Mais il n'est pas nécessaire que la personne outragée soit précisément celle qu'on avait l'intention d'injurier. Paul exprime cette idée avec une netteté,

---

[1] L. 17, § 7.
[2] L. 11, §§ 3, 4, 5. VOET, *op. et édit. cit.*, § 111, tome IV, p. 430.
[3] L. 15, § 15.
[4] L. 15, § 9 : nous avons vu néanmoins plus haut une exception dictée par des considérations d'ordre public, en ce qui concerne les libelles : L. 6.

une concision à laquelle se refuse la langue française : *Si injuria
mihi fiat ab eo cui sim ignotus; aut si quis putet me Lucium Titium
esse, quum sim Gaius Seius : prævalet quod principale est,
injuriam eum mihi facere velle; nam certus ego sum, licet ille
putet me alium esse quam sum, et ideo injuriarum habeo*[1].

Le mépris de l'outrage est également un obstacle à la naissance
de l'action, puisque le but visé par l'offenseur n'a pas été atteint[2]. Il
lui manque un élément pour exister dit Voët : « *ab initio non nas-
citur, quia quid deest*[3]. »

Enfin, la nécessité de l'atteinte outrageuse nous conduit encore à
refuser l'action en cas de simple tentative non suivie d'un commencement d'exécution. C'est d'ailleurs ce que nous dit un texte inséré au
Digeste, où nous voyons qu'un individu qui a tout mis en œuvre
inutilement pour susciter un affront à quelqu'un, ne sera l'objet
d'aucune poursuite[4].

Parmi les personnes qui peuvent être atteintes, les unes le seront
directement, les autres indirectement. Nous avons déjà touché à cette
division.

1° *De ceux qui sont atteints directement.* — L'atteinte est directe
quand l'injure s'adresse à la personne même qu'on avait l'intention
d'offenser. S'il est nécessaire d'être conscient et *doli capax* pour
commettre une injure, on peut la subir sans avoir le discernement
nécessaire pour la ressentir complètement : c'est là une différence
remarquable entre l'auteur du délit et sa victime : un fou, un impubère peuvent être l'objet d'une injure : *pati quis injuriam, etiamsi
non sentiat, potest*[5]. Il n'est même pas nécessaire, ainsi que nous l'apprend Labéon, d'être présent à l'injure pour la subir et acquérir le
droit d'en demander réparation[6]. Enfin, il importe peu que la personne
soit *sui* ou *alieni juris*, et il n'y a pas jusqu'à l'esclave que l'injure
ne puisse atteindre. Ce dernier point toutefois mérite un court examen. La question peut faire quelque doute, en effet, si l'on songe

---

[1] L. 18, § 3 ; comparez L. 18, § 5.
[2] L. 11, § 1er.
[3] Voet, *loc. cit.*, § 19, p. 443.
[4] L. 15, § 10.
[5] L. 3, § 2.
[6] L. 15, § 7.

qu'étant considéré comme une chose, l'esclave ne peut avoir aucune espèce d'*existimatio*, et, par suite, aucune espèce de droit au respect. Complètement destitué de personnalité civile ou morale, simple machine capable de fournir une certaine somme de travail, comment l'esclave aurait-il pu subir un préjudice moral? Et telle paraît bien avoir été, dans la rigueur du droit primitif, la conséquence des idées romaines en matière d'esclavage. Quand il apparaissait (et c'est le seul cas que nous envisageons ici) que l'intention de l'insulteur s'était exclusivement concentrée sur l'esclave, Gaïus, dont l'opinion fut reproduite par les rédacteurs des *Institutes*, nous apprend qu'il n'y avait pas d'injure : *Si quis servo convicium fecerit, vel pugno eum percusserit, non proponitur ulla formula, nec temere petenti datur*[1].

Mais, avec les progrès de la civilisation, le droit s'humanisa, car contre un pareil mépris de la créature, la nature protestait. Aussi, bien qu'elle n'ait jamais été formellement abrogée, la loi des XII Tables, sur ce point, comme sur bien d'autres, reçut du droit prétorien de profondes atteintes. Une action fut accordée au maître de l'esclave victime d'une atteinte injuste et brutale. Certaines injures, telles que les coups ou les tortures de la question, paraissaient trop violentes pour ne pas appeler une répression : *hanc (quœstionem) enim et servum sentire palam est*, dit Ulpien qui, dans sa mansuétude, veut bien reconnaître à l'esclave quelque sensibilité[2]. Et le préteur décide : *qui servum alienum adversus bonos mores verberavisse, deve eo injussu domini quœstionem habuisse dicetur, in eum judicium dabo. Item si quid aliud factum esse dicetur, causa cognita, judicium dabo*[3]. Consommant le progrès commencé, Alexandre Sévère, dans une constitution insérée au Code, érige en principe qu'il n'est pas permis de faire injure à l'esclave d'autrui[4].

Cette action ainsi accordée à un maître, que l'injure pourtant n'avait pas atteint, semble avoir pour fondement exclusif la nécessité de mettre fin à des brutalités injustes. Mais, philosophiquement, elle trouve sa raison d'être dans la nécessité où étaient les Romains eux-

[1] G., III, § 222 ; *Inst.*, IV, IV, § 3.
[2] L. 15, § 35.
[3] L. 15, § 34.
[4] L. 1, Code, *De Injuriis*, IX, 35.

mêmes de voir dans l'esclave autre chose qu'une simple bête de somme. Cette action est tout à fait distincte de celle qui appartient au maître dans le cas où il est indirectement injurié ; distincte aussi de l'action en réparation du dommage matériel causé, c'est-à-dire de l'action de la loi Aquilia. On voit par là l'intérêt du maître à agir et par l'action d'injures et par l'action de la loi Aquilia.

2° *De ceux qui sont atteints indirectement.* — Un même fait peut donner ouverture à deux actions distinctes, parce qu'il lèse du même coup, dans leurs intérêts moraux, deux personnes qui ont également droit au respect : on dit alors que l'injure adressée à l'une rejaillit sur l'autre. Les mœurs romaines, si fidèlement traduites par la législation sur le point spécial qui nous occupe, établissaient une étroite solidarité entre l'honneur d'un père et celui de son fils, entre l'honneur du maître et celui de son esclave, entre l'honneur d'un mari et celui de sa femme : à tel point que l'offenseur, qui avait connaissance de la dépendance d'une personne vis-à-vis d'une autre, était présumé avoir voulu atteindre indirectement celle de laquelle elle relevait.

Le père est atteint par l'injure faite à son fils ou à sa fille[1], car il y a évidemment un lien naturel entre l'honneur de l'un et de l'autre. Toutefois, et ceci caractérise le formalisme rigoureux de la législation romaine, il faut que l'émancipation n'ait pas fait déjà sortir le fils du cercle de la famille agnatique : l'émancipation exclut la présomption qu'en injuriant le fils on a voulu atteindre le père, et ce dernier ne peut agir, de même qu'il ne le peut lorsqu'on a injurié le fils, croyant qu'il était père de famille.

L'injure faite à la femme est commune au mari. Devoir de protection, sentiments naturels d'affection, telles sont les causes, dit-on, qui nous expliquent, dans ce cas, comme dans le précédent, pourquoi plusieurs sont atteints par l'injure adressée à un seul. Ce sont bien là, en effet, les motifs donnés par Ulpien : *spectat enim ad nos injuria, quæ in his fit qui vel potestati nostræ, vel affectui subjecti sunt*[2]. Mais ces considérations, admissibles peut-être au temps de ce jurisconsulte, étaient trop peu familières aux anciens Romains pour avoir pesé d'un poids bien lourd dans la balance, et c'est bien plutôt,

---

[1] L. 1, § 5.
[2] L. 1, § 3.

croyons-nous, par le lien de dépendance dérivant de la puissance paternelle qu'il faut expliquer, à l'origine, cette solidarité d'honneur.

Ce n'est pas là une simple question de mots : le fondement ainsi assigné à l'atteinte indirecte, nous permet de conclure que le mari ne pouvait agir pour l'injure faite à sa femme qu'autant qu'il avait sur elle cette puissance de la *manus* qui la mettait à son égard *loco filiæ*. Les mots *id enim magis prævaluit*, qu'on trouve aux *Institutes*[1] et que quelques commentateurs suppléent dans le manuscrit de Gaius[2], prouvent bien qu'au début on n'accordait l'action d'injures au mari qu'autant qu'il avait sa femme *in manu*. Dans le cas contraire, le père seul pouvait agir et son mauvais vouloir mettait un mari dans l'impuissance de défendre et venger en justice l'honneur de sa femme.

La *manus* tomba en désuétude vers le milieu du IIIe siècle, mais la jurisprudence prétorienne n'avait pas attendu la décadence de cette institution pour en corriger les inconvénients en matière d'injures. Nous en avons la preuve dans le commentaire de Paul *ad Edictum*, nous montrant que, même dans le cas où la femme est restée sous la puissance paternelle, le mari a concurremment avec le père une action d'injures qu'il exercera en son propre nom[3]. Ulpien va plus loin encore : il étend au fiancé la concession déjà faite au mari[4]. Le principe enfin se généralise : il suffira que l'offenseur ait su que la femme était mariée, encore qu'il la crût mariée à un autre, pour que le mari véritable ait action contre lui[5]. Les Romains n'arrivèrent pourtant jamais à admettre que, par une réciprocité toute naturelle, la femme puisse poursuivre la réparation de l'injure faite à son mari, *quia*

---

[1] *Inst.*, IV, IV, § 2.

[2] G., III, § 221 : Le manuscrit de Gaius porte simplement ces mots : « *Pati autem injuriam videmur..... item per uxores nostras, quæ in manu nostra sunt.* » M. Pellat conjecture que le manuscrit devait ensuite porter ceci : « *Imo etiam per uxores quamvis in manu nostra NON sint; id enim magis prævaluit* », mots qui auraient été effacés ou altérés. M. Demangeat montre que cette restauration du texte est tout à fait en harmonie avec les autres parties de l'ouvrage de Gaius : « En effet, dit-il, supposant qu'une injure est adressée à ma fille qui est mariée à Titius, Gaius dit que l'action d'injures peut être exercée *meo* et *Titii nomine;* si elle peut être exercée *meo nomine*, c'est que ma fille est sous ma puissance ; or, étant sous ma puissance, il est impossible qu'elle soit en même temps sous la *manus* du mari. » PELLAT, *Manuale juris synopticum*, 5e édition, p. 544 ; DEMANGEAT, *Droit Romain*, tome II, p. 409.

[3] L. 18, § 2.

[4] L. 15, § 24.

[5] L. 18, § 5.

defendi uxores a viris, non viros ab uxoribus, æquum est[1].

La victime est-elle un esclave? A moins qu'il n'apparaisse clairement que l'injure ne s'adressait qu'à lui seul, *servo ipsi*, c'est le maître
qui est réputé atteint; encore faut-il, pour que l'injure soit présumée
avoir cette portée, qu'elle revête un caractère particulier de gravité :
qu'elle soit *atrox*. Le maître ne peut pas être sensible à une injure
ordinaire, et comme il n'est blessé que dans ses droits de puissance,
les sentiments d'affection n'étant pas présumables, il n'a pas le droit
de se plaindre là où le père et le mari pourraient légitimement réclamer. C'est dire qu'à l'égard de ces derniers, l'injure n'a pas besoin
d'être atroce pour les atteindre.

Enfin, cette union intime, cette parfaite solidarité d'honneur qui
veut qu'un membre de la famille romaine ne puisse être atteint dans
sa dignité, sans que la famille tout entière ressente l'injure et s'en
émeuve, tout cela subsistait même au-delà du tombeau. Nous ne
voulons pas dire par là que l'action d'injures soit héréditairement
transmissible; son caractère pénal s'oppose à cette transmission soit
active, soit passive, et Ulpien ne nous laisse aucun doute à cet
égard : *injuriarum actio neque heredi, neque in heredem datur*[2].
Mais il était dans les mœurs romaines que chaque citoyen gardât
avec un soin jaloux l'honneur de ses morts, et les lois, venant en
aide aux mœurs, donnaient à l'héritier la faculté d'exercer l'action
d'injures contre quiconque insulterait à la mémoire de son auteur :
*quotiens autem funeri testatoris aut cadaveri fit injuria : si quidem
post aditam hereditatem fiat, dicendum est heredi quodammodo fac-
tam, semper enim heredis interest defuncti existimationem purgare.
Quotiens autem ante aditam hereditatem, magis hereditati, et sic
heredi per hereditatem adquiri*[3].

Ainsi l'injure est-elle postérieure à l'adition d'hérédité? L'héritier,
continuateur de la personne du défunt, est directement atteint. Est-
elle antérieure : l'action fait partie de l'hérédité qui elle-même *per-
sonam defuncti sustinet*, et c'est en recueillant le patrimoine que
l'héritier s'en trouvera investi. Mais tout prouve que les Romains

[1] L. 2.
[2] L. 13, pr.
[3] L. 1, § 6.

savaient concilier cette décision[1] avec les droits supérieurs de l'historien : ce qu'ils punissaient ici, ce n'était certainement pas le récit véridique de faits déshonorants pour le défunt ; ce ne pouvait être que la calomnie où les hypothèses dictées par une malveillance qui ne s'appuyait pas sur des preuves. *Primam esse historiæ legem*, dit Cicéron, *ne quid falsi dicere audeat, deinde ne quid veri non audeat*[2].

---

[1] L. 1, §§ 4 et 6.
[2] Cicéron, *De Orat.*, II, 15, cité par Accarias, t. II, p. 637, note 2.

CHAPITRE III.

ÉVOLUTION LÉGISLATIVE.

La matière de l'injure a été réglementée à diverses époques ; on peut dire que la législation romaine présente sur ce point trois phases et comme trois âges distincts. C'est d'abord l'âge de la loi des XII Tables. Incomplète dans ses prévisions et surtout inflexible dans ses peines, cette loi amena le préteur à lui substituer l'action d'injures, d'allures plus souples, comprenant toutes les hypothèses et ayant l'avantage de se plier à une estimation de la peine mesurée sur les circonstances du délit. Bientôt l'action prétorienne elle-même parut trop bénigne pour certains faits dont la poursuite intéresse plus particulièrement l'ordre public, la tranquillité de l'État. Le législateur crut devoir intervenir pour assurer plus efficacement la répression de ces faits exceptionnellement graves ; il le fit par une loi Cornelia, par le sénatusconsulte sur les libelles diffamatoires et par quelques constitutions d'un caractère à la fois spécial et transitoire.

Cette division de la législation en trois phases est celle qui fut adoptée par Paul dans ses Sentences[1]. *Injuriarum actio aut lege, aut more, aut mixto jure introducta est.* Paul rattache à la loi les dispositions des XII Tables ; à la coutume, le droit prétorien ; au droit mixte, la loi Cornelia.

---

[1] Paul, *Sent.*, V, ıv, §§ 6, 7 et 8.

SECTION I.

LOI DES XII TABLES.

Dans cette première période, le domaine de l'action d'injures et le domaine qui devait être plus tard celui de l'action de la loi Aquilia, ne sont pas encore nettement délimités. La loi des XII Tables ne semble pas seulement avoir prévu le délit d'injures, tel qu'il fut entendu et caractérisé plus tard par le préteur, et l'on peut très raisonnablement penser qu'elle vise, d'une manière générale, les cas où un dommage a été causé sans droit, *in jus*. Cette constante préoccupation de l'élément intentionnel, que nous rencontrerons à chaque pas dans l'édit, n'apparaît nulle part dans l'œuvre des décemvirs. Pour punir, cette loi paraît même ne pas exiger l'intention malveillante qui constitue le fond même de l'injure et sans laquelle l'action d'injures devrait être refusée. La preuve en est dans un passage d'Aulu-Gelle[1] où il est dit que sous l'empire de la loi des XII Tables la simple imprudence constituait l'injure passible du talion, quand elle avait pour résultat la rupture d'un membre.

Il serait néanmoins téméraire, sur la foi d'Aulu-Gelle, de se montrer trop affirmatif à cet égard. Les fragments qui nous restent de la loi décemvirale sont peu nombreux et paraissent même avoir subi des altérations qui en rendent la lecture difficile et l'interprétation controversée. Ce qui ressort nettement des dispositions qui nous ont été conservées à la table VIII, c'est que la loi avait introduit l'action en réparation d'injures dans quatre cas et avait édicté, pour chaque espèce, des peines différentes et fixes[2].

---

[1] *Nuits attiques*, l. XX, ch. 1, 16.

[2] Les fragments que nous reproduisons, empruntés, sauf le troisième, aux « textes de droit romain » publiés et annotés par Girard, p. 16, ont peut-être, au cours des siècles, subi des altérations qui ne nous autorisent pas à affirmer que nous soyons toujours en présence du texte originaire. Les sources qui ont permis de retrouver le sens de ces vieilles dispositions sont loin d'en reproduire toujours les termes mêmes. Il suffirait pour s'en convaincre de rapprocher le § 5 de la *Collatio*, II, 5, du § 223 du IIIᵉ Commentaire de Gaius : l'un évalue le montant de la peine en *sesterces*, l'autre en *as*.

1° *Qui malum carmen incantassit...* — Ce fragment prévoit cette forme particulière de l'injure qui, plus tard, devait porter le nom de *libellus,* et vise tout écrit, en prose comme en vers, par lequel le diffamateur cherche à porter atteinte à l'honneur de sa victime. De quelle peine était-il frappé par l'antique loi décemvirale ? De la peine de mort, si l'on en croit Cicéron : *XII tabulæ cum perpaucas res capite sanxissent, in his hanc quoque sanciendam putaverunt : si quis occentavisset sive carmen condidisset, quod infamiam faceret flagitiumve alteri*[1]. Si formel que soit ce passage, il convient de faire remarquer que la rigueur d'une telle répression semble mal cadrer avec les mœurs d'une époque où le sentiment de l'honneur commence seulement à se développer et ne pas s'harmoniser mieux avec les tendances d'un législateur que préoccupaient avant tout les atteintes à la personne physique ; à moins de voir dans cette peine excessive une application particulière du talion : le meurtre de la personne physique du délinquant vengeant le meurtre de la personne morale de la victime de l'injure[2].

2° *Si membrum rupsit, ni cum eo pacit talio esto.* — Cette disposition, sinon dans les termes que nous rapportons du moins dans sa portée, nous a été transmise par plusieurs ouvrages et notamment par les *Institutes* de Justinien[3]. Ce fragment reflète bien le caractère de la législation à l'époque de la loi des XII Tables, période de transition entre le système de la vengeance privée et celui où l'autorité intervient pour réglementer l'exercice de la *vindicta.* Nous voyons la loi autoriser ici le talion, vengeance toujours aveugle, souvent injuste, principe des législations barbares, mais déjà tempéré par la possibilité d'une transaction pécuniaire.

3° *Propter os fractum aut collisum,* ajoute Gaïus[4], *CCC assium pœna erat statuta si libero os fractum erat ; at si servo CL.* — Il ne semble pas au premier abord qu'il y ait une grande différence entre cette hypothèse et la précédente, entre casser un membre et briser

---

[1] CICÉRON, *De Republica,* 4, 10.
[2] HUSCHKE, *op. cit.,* pp. 118 et suiv.
[3] § 7, *Inst. De Injuriis,* IV, 4 ; comp. *Festus,* v° *Talionis ;* Aulu-Gelle, *Noctes atticœ,* 20, 1, 14 ; Gaius, III, 323.
[4] G., III, § 223.

un os. Pothier pense, et l'on n'a pas donné d'explication plus satisfaisante jusqu'ici, que le talion s'appliquait quand la blessure était incurable ; l'amende, quand elle pouvait être guérie.

4° Toutes les autres injures soit verbales, soit réelles, non mentionnées dans les dispositions précédentes, étaient punies d'une simple peine pécuniaire uniforme de 25 as : *Si quis injuriam alteri faxit XXV æris pœnæ sunto*. Cette disposition nous a été conservée par Paul[1].

Tels sont les seuls fragments qui nous sont parvenus. Ils sont incomplets sans doute, mais suffisent pour nous donner une idée du vieux droit quiritaire et nous permettre de l'apprécier. Ses dispositions, marquées au coin d'une rigueur outrée en tant qu'admettant la peine du talion, mais empreintes aussi d'une excessive indulgence en ce qu'elles fixaient, d'une façon uniforme, le montant de la peine à 25 as, devaient de bonne heure tomber en désuétude, comme ayant cessé d'être en harmonie avec les besoins et les désirs d'une civilisation moins rude, moins primitive. La peine du talion est une vengeance et non une réparation ; au surplus, c'est une vengeance toujours aveugle, d'application difficile, sinon impossible : on ne conçoit guère un offenseur se laissant rompre un membre pour réparer sa faute. Aussi la ressource de la transaction était-elle toujours ouverte, et c'est ainsi que la rigueur de la loi se résolvait dans une amende au profit de l'offensé, amende dont le *quantum* était fixé soit par les parties, soit par le juge.

Pour les autres injures, l'amende étant fixe, aucune mesure de la peine à la gravité du délit ne pouvait être établie. Nous trouvons à ce sujet dans Labéon, rapporté par Aullu-Gelle[2], une critique très curieuse de ce système de réparation. Il nous dit, en raillant, que s'il n'en coûte que vingt-cinq as d'injurier quelqu'un, il faut que le méchant soit bien pauvre pour se refuser le plaisir de l'injure. Et à ce propos, il nous raconte l'histoire d'un certain Lucius Veratius qui, perfide mais riche, se plaisait à braver en quelque sorte la loi. Il souffletait dans la rue ou agonisait d'injures les passants qu'il rencontrait ; un esclave le suivait portant une bourse pleine d'as, et

---

[1] V, § 5, *Collat. legum mosaic. et Rom.* — *De Atroci injuria*, l. 1, t. II.
[2] *Nuits attiques*, l. xx, ch. 1.

chargé de payer aux victimes de son maître les injures faites par ce dernier. Vraie ou fausse, l'anecdote nous montre les abus possibles et, par suite, le vice de la loi.

Ajoutons que la peine de vingt-cinq as peut-être suffisamment préventive à l'origine, *et videbantur illis temporibus in magna paupertate satis idoneæ istæ pecuniariæ pœnæ*[1], devint bientôt dérisoire et contribua puissamment à hâter la disparition d'un régime dont s'accommodaient mal les mœurs nouvelles.

SECTION II.

ÉDIT DU PRÉTEUR.

Ainsi l'excessive rigueur de la loi des XII Tables en matière de peines corporelles d'une part, la modicité invariable des peines pécuniaires de l'autre, ne pouvaient manquer d'amener un revirement dans la législation, lorsqu'à la sévérité des mœurs et à la pauvreté des temps primitifs de la société romaine succéda une époque de bien-être plus grand, de civilisation plus avancée, plus raffinée.

Ce besoin de réformes, ressenti de plus en plus impérieusement, au fur et à mesure que la conquête procurait une source plus abondante de richesses, trouva sa satisfaction dans les innovations des préteurs, qui s'attachèrent à faire passer dans leurs édits annuels les modifications sollicitées par la marche des esprits et les exigences de l'époque. L'ancien régime avait eu son temps, une législation nouvelle allait lui succéder : *pœna quæ ex lege duodecim tabularum introducta est in desuetudinem abiit*[2].

A quelle époque apparurent ces innovations, dans quel ordre furent-elles apportées ? C'est ce que nous ne pouvons dire avec certitude. D'après Huschke, l'évolution se serait produite au cours du

[1] G., III, § 223.
[2] § 7, *Inst. De injuriis*, IV, 4.

vi⁰ siècle[1]. « Le droit des XII Tables, dit cet auteur, put suffire au peuple romain jusqu'au vi⁰ siècle, mais alors des circonstances nouvelles appelaient un droit nouveau. Vers le milieu de ce siècle, l'as avait été réduit à un sixième, puis bientôt après à un douzième de son ancien poids, et la richesse plus répandue amoindrissait encore l'importance de cette vieille monnaie. D'un autre côté, le sentiment d'honneur développé par l'instruction réclamait des peines plus fortes contre des délits dont le nombre n'était pas diminué par le luxe croissant. Mais le changement ne fut dû qu'à un événement fortuit, qui montra jusqu'où pouvait conduire le système organisé par la loi des XII Tables. » L'auteur fait ici allusion à l'aventure de Veratius, qu'il raconte et qui aurait, selon lui, décidé le préteur à substituer une action *œstimatoria* à l'ancienne action d'injures. Il conclut (p. 128) que cette innovation se place dans le seconde moitié du vi⁰ siècle : « On ne peut assigner à l'avènement du droit prétorien en matière d'injures une date plus reculée que les dernières années de ce siècle, car il ne serait pas admissible qu'on eût toléré plus longtemps les conséquences fâcheuses résultant de l'altération dans la valeur des monnaies. »

Le texte même de l'édit ne nous est pas parvenu, mais Ulpien, dans son célèbre commentaire *ad Edictum*, Paul, dans ses *Sentences*[2], et Justinien dans ses *Institutes*, nous ont conservé de nombreux fragments, à l'aide desquels nous pouvons nous faire une idée à peu près complète des innovations introduites par la jurisprudence prétorienne.

Sous l'empire de cette législation, le délit d'injures apparaît avec son caractère spécial : l'injure s'entend de cette offense qui cause un préjudice moral à la personne, tandis que les décemvirs paraissaient avoir pris surtout en considération la personne physique[3].

Substitution d'une action *œstimatoria* à l'ancienne action d'injures et, par suite, pouvoirs presque illimités d'appréciation laissés au juge ; extension considérable donnée à la sphère d'application de

---

[1] HUSCHKE : Gaius. *Beitrage zur Kritik und zum Verstandniss seiner Institutionen.* pp. 127 et 128. *Leipzig,* 1855.

[2] L. v, t. IV.

[3] *Die Person wird überwiegend körperlich aufgefast,* dit Huschke, *op. cit.,* p. 127, *in principio.*

l'action nouvelle ; nécessité d'une précision minutieuse dans les allé-
gations du demandeur ; protection personnelle assurée à l'esclave
contre certaines atteintes particulièrement graves ; possibilité donnée
au fils d'assurer lui-même le respect de sa personnalité en cas de
négligence ou d'inaction calculée du père de famille : telle est dans
ses grands traits l'œuvre du préteur, complétée par la jurisprudence.

Comme sous la période précédente, l'action aboutit à une condamnation pécuniaire ; mais ce qui constitue la différence caractéristique,
c'est que dans son édit le préteur ne fixe pas par avance et d'une
manière invariable le montant de la somme qui devra être payée dans
tel ou tel cas. Ce montant dépend de mille circonstances qui peuvent
aggraver ou atténuer les conséquences du délit, et pour nous montrer
que les pouvoirs du juge ne sont plus enfermés dans le cercle étroit
des dispositions de la loi ancienne, le préteur l'invite à apprécier tous
les éléments du délit, à en rechercher le mobile, à peser toutes les
circonstances qui l'ont accompagné, à voir quel en est l'auteur,
quelle en est la victime, quelle différence sociale les sépare l'un de
l'autre, et alors seulement « *prout quæque res erit animadvertet* ».
Voici en quels termes Justinien, après avoir mentionné la loi des
XII Tables et ses pénalités, nous montre que s'introduisit cette nouvelle action estimatoire : *Postea prætores permittebant ipsi qui injuriam passi sunt eam æstimare, ut judex vel tanti condemnet,
quanti injuriam passus æstimaverit, vel minoris prout ei visum
fuerit*[1].

Ainsi pas de doute : à la peine du talion rapidement abandonnée,
aux peines pécuniaires d'une fixité dangereuse et d'une modicité qui
n'était plus en rapport avec la richesse de Rome, le préteur substitue
une action d'allures plus souples, se pliant avec une merveilleuse
facilité à une estimation de la peine mesurée sur les circonstances
du délit et sauvegardant la plénitude des pouvoirs d'appréciation du
juge.

Ajoutons, car c'est là encore une différence à signaler entre l'ancienne et la nouvelle action, que l'infamie était attachée à celui qui
succombait dans l'exercice de l'action prétorienne. C'était là une
peine accessoire, une sanction morale tout à fait adéquate au but

---

[1] § 7, *Inst. De Injuriis*, IV, 4. Comparez : PAUL, *Sent.*, V, IV, §§ 6 et 7.

poursuivi, destinée à assurer l'efficacité des mesures prises par le préteur, et bien propre à retenir le diffamateur sur la pente où le poussait le besoin de s'attaquer à la réputation d'autrui.

Le caractère de généralité de l'édit permit, en outre, d'étendre singulièrement la sphère de l'*actio injuriarum,* et la jurisprudence en vint à la déclarer admissible dans des cas où un juriste de la République eût à peine compris semblable application. Le préteur commence par déclarer qu'il délivrera action contre quiconque, au mépris de toutes les bienséances, se sera rendu coupable d'un *convicium* envers quelqu'un, ou se sera entremis pour qu'une autre personne s'en rende coupable à sa place : *Qui adversus bonos mores convicium cui fecisse, cujusve opera factum esse dicitur, quo adversus bonos mores convicium fieret : in eum judicium dabo*[1]. Nous avons dit ailleurs ce qu'il faut entendre par ce mot *convicium* (propos injurieux tenu avec éclat et publicité). Quant aux *boni mores,* à ces convenances que doit violer le *convicium* pour constituer une injure, Ulpien prend soin de nous prévenir qu'il s'agit des idées de bienséance et de décence publique reçues à Rome[2]. Paul nous fournit des exemples nombreux[3] : couvrir quelqu'un de boue, d'ordures ; salir les conduits ou les réservoirs, corrompre les eaux destinées à l'alimentation publique sont autant de faits *adversus bonos mores.* Apostropher une femme ou une fille et leur tenir des propos contraires à la pudeur constitue une injure des plus sérieuses, susceptible néanmoins d'atténuation, lorsque celle qui en est victime a commis l'imprudence, assez commune à Rome, de se montrer en public sous un costume d'esclave ou même de courtisane[4].

Mais ces attentats, en quelque sorte patents et directs, n'étaient pas les seuls ni les plus dangereux pour la morale publique et la considération des particuliers. La haine et l'envie sont ingénieuses à trouver des détours habiles au moyen desquels l'injure parvient à son but sans froisser au passage un texte de loi qui se retournerait contre elle. Il est aisé au coupable d'envelopper, sous une forme ironique et ambiguë

---

[1] L. 15, § 2.
[2] L. 15, § 6.
[3] SENT., V, IV, § 13.
[4] L. 15, § 15.

un outrage sanglant, mais malaisé au juge de le dégager pour le mettre en lumière et le punir.

C'est à cette tâche délicate que s'est voué le préteur, et après avoir fait cette déclaration générale : *ne quid infamandi causa fiat; si quis adversus ea fecerit, prout quæque res erit animadvertam* [1], il passe en revue un certain nombre d'exemples qui nous donnent de précieux renseignements sur les mœurs romaines et nous prouvent combien s'élargissait le champ de l'injure. Se montrer en public pour nuire à quelqu'un, avec des vêtements sordides, la barbe longue, les cheveux en désordre ; écrire, distribuer, réciter un *libelle* qui offense l'honneur d'un citoyen [2] ; se réfugier auprès de la statue du prince comme pour en appeler à lui d'une injustice prétendue dont on se dit victime [3] ; mettre les scellés sur la maison de son débiteur absent, sans y être autorisé par le magistrat compétent [4] ; interpeller les fidéjusseurs d'un débiteur prêt à payer afin de le faire passer pour insolvable [5] ; annoncer publiquement la mise en vente d'un objet qu'on prétend mensongèrement avoir reçu en gage d'une personne qu'on veut ainsi diffamer [6], sont autant d'injures détournées que le préteur se déclare prêt à punir, non plus d'une amende fixe et trop souvent dérisoire, mais en tenant compte de toutes les circonstances de lieu, de temps, de fait et de personnes.

Il fallait éviter toutefois que cette facilité de poursuite accordée au plaignant ne dégénérât en abus. Aussi le préteur, si disposé à octroyer une action, partout où il rencontre cette intention malveillante qui s'attache à diminuer la considération d'une personne, ne permet-il pas à la victime d'une prétendue injure de s'aventurer à la légère et de fonder sa demande sur des faits douteux ; il exige de sa part une allégation nette, précise, car l'action d'injures a des conséquences graves, puisqu'elle entraîne l'infamie : *Qui agit injuriarum, certum dicat quid injuriæ factum sit : quia qui famosam actionem intendit non debet vagari cum discrimine alienæ existimationis,*

[1] L. 15, § 25.
[2] L. 15, § 27.
[3] L. 28, § 7, *Dig.*, *De pœnis*, XLVIII, 19.
[4] L. 20.
[5] L. 19.
[6] L. 15, § 32.

sed designare, et certum specialiter dicere quam se injuriam passum contendit [1].

A cette première exigence, la précision dans l'allégation du fait incriminé, l'édit en ajoute une seconde, ainsi formulée : *et taxationem ponat non majorem quam quanti vadimonium fuerit* [2].

Il est facile de donner une traduction littérale de ce passage, il l'est moins d'en préciser la portée juridique : nous soumettons à la critique l'explication suivante. Le mot *vadimonium* peut désigner soit la promesse de *paraître* en justice, il n'est alors qu'une réponse à l'*in jus vocatio;* soit l'engagement de se *représenter* devant le magistrat, quand, en raison de la longueur des débats, la procédure *in jure* ne peut pas se clore le jour même de son ouverture [3]. D'après Gaius, cette dernière espèce de *vadimonium* se distingue de la première par deux traits essentiels : 1° d'abord, comme on le voit, c'est *in jure* et sur l'ordre du magistrat que ce *vadimonium* intervient ; 2° il est toujours fourni *cum adjectione pœnæ* et le montant de la peine n'est pas librement débattu entre les parties. En règle générale, c'est le demandeur qui le fixe, mais sans avoir prêté le serment *de calumnia* et sans pouvoir dépasser ni la moitié de la valeur engagée dans le procès, ni en aucun cas la somme de cent mille sesterces. Par exception, dans les actions *judicati* et *depensi* la peine est égale au montant de la somme litigieuse, au *quanti res erit*. Cette dernière particularité se retrouve dans l'*actio injuriarum,* mais accompagnée de cette autre, consistant en ce que la *summa vadimonii* est fixée tantôt par le magistrat, tantôt par le demandeur, suivant que l'injure est ou n'est pas atroce [4]. Voici comment les choses se passent. Il appartient au deman-

---

[1] L. 7, pr. et § 4.

[2] L'accord n'est pas parfait sur la restauration de ce passage de l'édit ; les uns lisent *minorem,* là où avec Lenel nous lisons *majorem.* — V. LENEL : *Das Edictum perpetuum,* p. 320, et GIRARD, *op. cit.,* p. 130 ; = *Contrà :* HUSCHKE, *op. cit.,* p. 135, et *Collatio,* 2, 6, 1, dans Girard, p. 480. La possibilité de donner un sens à ce passage dont le laconisme n'est pas exempt d'ambiguité, explique, si elle ne la justifie pas à elle seule, la préférence que nous donnons à la restitution proposée par Lenel.

[3] G., IV, 184-186.

[4] Comp. ACCARIAS, t. II, p. 835, note 1, qui restreint à l'action d'injure atroce l'application que nous faisons à l'action d'injure en général. Cette restriction rendrait impossible toute explication du texte que nous essayons d'éclaircir ; nous la considérons comme purement arbitraire : le verbe *ponat* a sûrement pour sujet le demandeur « qui agit injuriarum », et nous en concluons que le mot *vadimonium* fait non moins sûrement allusion au *vadimonium* imposé par le demandeur au défendeur en présence du magistrat.

deur, avons-nous dit ailleurs, d'estimer l'injure dont il a été victime, à moins qu'elle ne soit atroce, auquel cas l'estimation est l'œuvre du magistrat. Eh bien ! lorsqu'il y a lieu à un *vadimonium,* il fait cette estimation d'avance et elle détermine du même coup la somme que le défendeur devra payer, le cas échéant, comme peine de sa non comparution et celle qui figurera dans la *condemnatio* si l'action d'injures est délivrée. Rappelons, en outre, que le contenu de la formule est l'œuvre du demandeur : c'est lui qui indique dans la *demonstratio* les motifs juridiques sur lesquels s'appuient ses prétentions, et fixe au cas d'injure simple, dans la *condemnatio,* le montant du préjudice causé[1].

Cette manière de voir nous autorise à traduire comme suit ce passage de l'édit : le demandeur à l'action d'injures doit préciser l'injure dont il se plaint et ne pas faire insérer dans la *condemnatio* un chiffre supérieur à celui qui a fait l'objet du *vadimonium.* De cette interprétation, il résulte que l'estimation, même quand elle est l'œuvre du demandeur, doit avoir lieu *in jure,* et non *in judicio.* C'est là une garantie pour le défendeur contre les prétentions exagérées du demandeur, car, d'une part, si le demandeur, qui est le mieux à même d'apprécier le préjudice qui lui a été causé, exagère ses prétentions, le préteur refusera peut-être de revêtir la formule de l'ordre qui doit lui donner la vie ; d'autre part, cette fixation anticipée constitue un maximum que la condamnation pourra ne pas atteindre mais que sûrement elle ne pourra pas dépasser : c'est donc une limitation aux pouvoirs discrétionnaires d'un juge qui n'a peut-être pas en mains tous les éléments nécessaires pour mesurer exactement la peine à la gravité du délit[2].

L'édit contenait une autre innovation sur laquelle nous aurons occasion de revenir, et consistant à accorder, *cognita causa,* l'action d'injures à l'*alieni juris* lui-même, quand celui sous la puissance duquel il se trouve est absent et n'a pas laissé de procureur : *si ei qui in alterius potestate erit, injuria facta esse dicetur; et neque*

---

[1] Tous les auteurs nous disent pourtant que « la formule est l'œuvre du magistrat ». Il faut entendre ces mots en ce sens, que c'est à lui qu'il appartient de revêtir cette formule de l'ordre qui donnera au juge le pouvoir d'absoudre ou de condamner, ordre qu'il se réserve de ne donner qu'autant que les exigences de son édit seront remplies.

[2] Comp. HUSCHKE, *op. cit.,* pp. 135-136.

is, cujus in potestate est, præsens erit, neque procurator quisquam existat, qui eo nomine agat, causa cognita ipsi qui injuriam accepisse dicetur, judicium dabo[1].

Enfin il n'est pas jusqu'à l'esclave dont la situation lamentable n'ait attiré l'attention du préteur. Longtemps l'esclave fut considéré comme ne pouvant pas être atteint *personnellement* par l'injure, et par suite l'affront qui lui était adressé restait impuni quand il n'atteignait pas le maître. Le préteur juge équitable d'apporter à cette faculté d'injurier impunément un esclave une limite que l'ancien droit n'imposait pas : *qui servum alienum adversus bonos mores verberavisse, deve eo, injussu domini, quæstionem habuisse dicetur, in eum judicium dabo : item si quid aliud factum esse dicetur, causa cognita, judicium dabo*[2]. Le préteur divise donc en deux catégories les injures adressées à un esclave : celles qui entraînent de plein droit la délivrance d'une action et celles qui nécessitent de sa part une enquête, un examen préalable. Dans la première rentrent les coups et l'épreuve de la question infligée sans l'ordre du maître. En dehors de ces deux cas formellement prévus par l'édit, le préteur n'accordait l'action qu'après avoir pris connaissance des faits sur lesquels était fondée la demande. Il la refusait ordinairement quand l'esclave avait été victime d'une injure sans grande portée ; il poussait au contraire plus loin ses investigations quand on alléguait un acte ou un écrit infamant, recherchait le véritable caractère de l'injure et son degré de gravité, variable d'ailleurs avec la condition de l'esclave[3].

Ainsi le préteur, puissamment secondé par les circonstances, sans entrer en lutte ouverte contre le droit civil, avait réussi à le compléter, à étendre le cercle trop étroit de ses dispositions ; sans attaquer de front l'antique loi décemvirale, il avait su en combler les lacunes et en corriger les injustices ou les iniquités : atteignant l'injure sous toutes ses formes, proportionnant la peine à la gravité du délit, assurant à l'*alieni juris* une réparation certaine de son honneur mal défendu, rappelant enfin que l'esclave lui-même a, dans une certaine mesure, droit au respect.

---

[1] L. 17, § 10.
[2] L. 15, § 34.
[3] L. 15, §§ 43 et 44.

SECTION III.

LOI CORNELIA.

Il semble résulter de l'examen auquel nous venons de nous livrer, que la législation en matière d'injures laissait peu de chose à désirer, en ce sens qu'elle embrassait à peu près toutes les espèces d'injures.

Malheureusement, le droit prétorien était impuissant à arrêter le débordement d'injures qui se produisit, lorsqu'à la faveur des discordes civiles qui déchirèrent les derniers temps de la République, la licence fut parvenue à son comble. Au milieu des dissensions intestines qui allaient consommer la ruine d'un édifice politique et social déjà miné de toutes parts, un homme eut la pensée et crut avoir la puissance de conjurer le péril, de rétablir l'ordre et de restaurer la vieille constitution de Rome. Il y serait parvenu sans doute si les lois suffisaient à rétablir les mœurs et s'il dépendait d'un homme, cet homme s'appelât-il Sylla, de barrer le passage au courant qui entraîne tout un peuple.

Les crimes contre les personnes et contre les propriétés s'étaient multipliés dans le désordre qui accompagnait les discordes publiques ; Sylla entreprit de les réprimer par plusieurs lois qui portent son nom (*Judiciaria, de Proscriptione, de Falsis, de Sicariis et Veneficiis*). Le dictateur voulut arrêter aussi le débordement des injures ; il le tenta par des dispositions que Justinien a reproduites au *Digeste* sans en indiquer la source, de sorte que l'on ignore s'il faut les rattacher à une loi spéciale, dont le nom et la date nous seraient inconnus[1], ou à la loi *Cornelia de Sicariis* dont elles auraient formé une des branches. Cette question divise les auteurs.

Ortolan incline vers la dernière opinion que lui paraît confirmer un passage de Théophile, dans lequel ce dernier déclare que la loi

---

[1] Pighius, cité par Bouchaud, conjecture que cette loi est de l'an de Rome 672 : Bouchaud, *Commentaire sur la loi des XII Tables*, t. II, p. 29.

Cornelia « n'eut garde de passer les injures sous silence[1] ». La pre-mière opinion défendue par Walter est peut-être préférable, surtout si l'on remarque (et cela détruit singulièrement la force de l'affirma-tion de Théophile), que la loi *Cornelia de Sicariis* est très développée dans la compilation justinienne, où elle fait l'objet de deux titres, l'un au *Digeste*[2], l'autre au *Code*[3], et qu'elle ne présente aucune disposition accessoire sur les injures[4].

Quoi qu'il en soit de cette difficulté qui a son importance, la loi *Cornelia de Injuriis* réprimait trois sortes d'injures, qui toutes ren-ferment un élément commun, à savoir, une voie de fait :

Lex Cornelia de injuriis competit ei qui injuriarum agere volet ob eam rem, « quod se pulsatum, verberatumve, domumve suam vi introitum esse dicat[5] ». Nous ne croyons pas nécessaire d'entrer ici dans une discussion plus philologique que juridique sur le sens des expressions *verberare, pulsare, domum introire[6]*.

Ce n'est pas d'ailleurs dans la définition des délits qu'elle frappait que réside l'importance de la loi *Cornelia* : ces délits, le droit préto-rien les réprimait déjà depuis longtemps. Mais, sur trois points, la loi aurait consacré des innovations importantes :

1° A l'action prétorienne prescriptible par un an, elle substitue une action civile perpétuelle à l'origine, trentenaire sous Justinien ;

2° A la différence de l'action prétorienne, abandonnée au *pater-familias*, l'action de la loi *Cornelia* appartient exclusivement à la personne outragée : le fils de famille a donc seul qualité pour l'intenter et pourra ainsi, en dépit de la négligence ou du mauvais vouloir de son père, satisfaire son légitime désir de vengeance ;

3° Enfin cette loi aurait organisé un *judicium publicum* pour atteindre plus sûrement et plus sévèrement les délits qu'elle cherchait à réprimer. Elle semble, en effet, avoir organisé un double mode de répression[7] : elle créait d'abord une action pécuniaire dont on n'aper-

[1] ORTOLAN, *Institutes expliquées*, 7ᵉ édit.; t. III, p. 446.
[2] L. XLVIII, t. 8.
[3] L. IX, t. 16.
[4] WALTER, *Histoire du Droit criminel romain*, 5ᵉ livre, traduit par Picquet-Damesme.
[5] L. 5, pr.
[6] Voyez L. 5, §§ 1 et 2.
[7] L. 37, § 1ᵉʳ.

çoit peut-être pas très nettement le but, mais qui différait de l'action prétorienne en un point essentiel : c'est que l'injure y était dans tous les cas estimée par le juge seul [1].

Quant au second moyen consistait-il dans l'organisation d'un *judicium publicum,* ou n'était-il pas plutôt une simple poursuite *extra ordinem,* tendant à l'application d'une peine criminelle [2]; action qui, comme la précédente, n'aurait jamais appartenu qu'à l'injurié lui-même, encore qu'il fût fils de famille? [3]

L'introduction d'une poursuite *extra ordinem* par Sylla, c'est-à-dire par un dictateur dont tous les efforts tendirent à faire passer la juridiction criminelle aux mains des *quæstiones perpetuæ* qu'il créa ou restaura, nous paraît inadmissible. Quant à l'organisation d'un *judicium publicum,* elle ne nous paraît guère plus probable : c'est ce que nous allons essayer de démontrer.

Pour ceux qui, comme Ortolan, ne voit dans les fragments de la loi *Cornelia de Injuriis* qu'un démembrement de la loi *Cornelia de Sicariis,* la difficulté est toute tranchée puisque cette dernière loi figure dans l'énumération de celles qui ont créé des *judicia publica* [4]. Elle reste entière au contraire pour ceux qui croient à l'existence d'une loi *Cornelia* distincte de celle sur le meurtre.

Cujas, Voët, Sigonnius, Heinnecius ont soutenu l'organisation par cette loi d'un *judicium publicum* [5]; et sur la foi de ces célèbres commentateurs, bien d'autres ont cru devoir admettre la même opinion. A l'appui de cette opinion, on invoque deux textes qui sont loin d'apporter sur notre question une lumière suffisante pour entraîner l'adhésion.

Le premier emprunté à Venuleius et reproduit au *Digeste* [6], paraît

---

[1] Accarias, t. II, p. 642, et L. 37, § 1er, *in fine.*

[2] Paul. *Sententiæ,* V, 4, § 8.

[3] Accarias, *eod. loco* et note 1.

[4] L. 1, *Dig., De publicis judiciis,* xLVIII, 1.

[5] Cujas, tome II, col. 616. Tome I, col. 867 et 474, éd. de Naples 1722 ; Voet, *Comm. ad Pandectas,* tome IV, *De injuriis,* § 16, 'édit. citée p. 440. Sigonnius, *De antiquo jure civium romanorum,* édit. 1573, liv. II, ch. 18, pp. 133 et suiv. ; Heinnecius, § 1106.

[6] L. 12, § 4, *in fine, Dig., De accusat. inscrip.,* xLVIII, 2, nous le transcrivons en entier : § 4, *Omnibus autem legibus servi rei fiunt, excepta lege Julia de vi privata : quia ea lege damnati partis tertiæ bonorum publicatione puniuntur : quæ pœna in servum non cadit. Idemque dicendum est in cæteris legibus, quibus pecuniaria pœna irrogatur ;*

absolument concluant aux yeux de nos adversaires. Ce seul fait que le passage cité est extrait d'un ouvrage sur les *judicia publica* suffit à dissiper leurs doutes et à leur permettre de conclure que nous sommes en présence d'un *judicium publicum*. Cette induction nous paraît bien faible, bien téméraire, et nous tendrions plutôt à croire que la nature de l'action de la loi *Cornelia* n'a nullement préoccupé le jurisconsulte dans le passage qui nous a été conservé. En effet, après avoir fait remarquer que certaines lois, à raison des peines qu'elles édictent, ne peuvent pas atteindre les esclaves, Venuleius nous dit que cette observation s'applique à toutes les lois prononçant des peines pécuniaires ou capitales, et il cite comme exemple la loi *Pompeia parricidii* et la loi *Cornelia injuriarum.*

Nous ne voyons pas par quelle subtile argumentation on peut tirer de ce texte la conclusion à laquelle arrivent les partisans de l'opinion que nous combattons. L'action civile elle-même de la loi *Cornelia* conduit à une condamnation pécuniaire, ce qui autorise pleinement le jurisconsulte à ranger cette loi parmi celles qui ne sont pas applicables aux esclaves et à réclamer par voie extraordinaire contre ces derniers une peine plus sévère : *sed durior eis pœna extra ordinem imminebit.* Rappelons-nous d'ailleurs la nature de cette condamnation (la remarque en a déjà été faite, mais elle a ici une importance toute particulière et peut-être méconnue) : cette condamnation quoique pécuniaire, constitue une véritable peine, un châtiment et non la réparation d'un dommage ; elle a donc la même nature que toutes celles auxquelles il est fait allusion dans notre paragraphe. Ainsi le mode de poursuites peut être différent ; le but visé est identiquement le même : un châtiment. Or, pour déclarer telle loi applicable ou inapplicable aux esclaves, Venuleius se préoccupe-t-il de la nature de la poursuite (*judicium publicum, judicium privatum, persecutio extra ordinem*) ou du caractère de la condamnation ? Le texte ne laisse aucun doute à cet égard : c'est ce dernier élément seul qu'il prend en

---

vel etiam capitis, quæ servorum pœnis non convenit, sicuti relegatio. Item nec lex Pompeia parricidii : quoniam caput primum eos adprehendit, qui parentes cognatosve aut patronos occiderint, quæ in servos, quantum ad verba pertinet, non cadunt ; sed cum natura est communis, similiter et in eos animadvertetur. Item Cornelia injuriarum servum non debere recipi reum, Cornelius Sylla auctor fuit : sed durior ei pœna extra ordinem imminebit.

3*

considération : mais, alors, cela ne suffit-il pas pour expliquer et justifier le rapprochement fait par lui entre la loi *Cornelia de injuriis* et toutes celles qu'il déclare inapplicables aux esclaves, sans qu'il soit nécessaire de les assimiler de tous points ?

Nous écartons donc ce texte comme laissant la question absolument indécise et peut-être nos adversaires n'auraient-ils jamais songé à l'invoquer sans l'indication de la source à laquelle il a été puisé : lib. 2 : *De publicis judiciis*, de Venuleius.

Quant à l'argument qu'on a voulu tirer d'un fragment d'Ulpien inséré au *Digeste* à notre titre, loi VII, § 1, il est moins probant encore. Voici ce passage : *si dicatur homo injuria occisus, numquid non debeat permittere prætor privato judicio legi Corneliæ præjudicari? Idemque, et si ita quis agere velit, quod tu venenum dedisti hominis occidendi causa? Rectius igitur fecerit si hujus modi actionem non dederit. Atquin solemus dicere, ex quibus causis publica sunt judicia, ex his causis non esse nos prohibendos, quominus et privato agamus....*

Nous sommes étonné de voir invoquer ce texte à l'appui de l'opinion de Cujas et Voët. Il n'y est pas question de la loi qui nous occupe, puisque nous sommes absolument en dehors des hypothèses prévues et punies par elle. Il s'agit, à n'en pas douter, de la loi *Cornelia de Sicariis et Veneficiis*. Les termes reproduits par Ulpien sont ceux-mêmes de cette loi : *Si dicatur homo injuria occisus.... et si quis agere velit quod tu venenum dedisti hominis occidendi causa*[1]. Ce texte n'a donc rien à faire dans la question et ne peut pas par suite, comme on le soutient, venir à l'appui de la prétendue affirmation de Venuleius. Qu'après cela on soutienne qu'Ulpien range la loi *Cornelia* parmi les *publica judicia*, nous ne le contestons nullement, mais on oublie de faire remarquer qu'il s'agit de la loi *Cornelia de Sicariis*. Or en quoi cela peut-il éclaircir nos doutes sur le véritable caractère de la loi *Cornelia de injuriis*, à moins d'admettre la doctrine d'Ortolan ?

Nous préférons nous ranger à l'opinion de Vinnius, qui nous paraît moins problématique, bien qu'elle n'ait pas trouvé dans la doctrine

[1] Comparez : L. 1, pr. et § 1er, *Dig.. Ad legem Corn. de Sic. et Venef*, XLVIII, 8.

le même écho que la précédente. La loi *Cornelia de injuriis* ne doit pas figurer au nombre de celles qui organisent un *judicium publicum*. Cette opinion repose sur trois arguments de texte. Il en est deux auxquels on a prétendu refuser toute valeur ; mais si la réfutation en est facile en apparence, ils ne sont pas néamoins quantité négligeable, et nous croyons devoir les reproduire :

1° Notre loi n'est pas citée dans la liste que donne Macer au *Digeste* des *publica judicia*[1].

On a répondu que cette liste était notoirement incomplète ; pareille omission ne saurait tirer à conséquence.

C'est vrai ; mais, sans être probante, elle peut néanmoins paraître étrange ; Macer cite la loi *Cornelia de sicariis et veneficiis, Cornelia de testamentis* ; comment, même dans une énumération incomplète, omettre la loi *Cornelia de injuriis*, due au même auteur, poursuivant un but à peu près identique, rendue sous l'empire des mêmes nécessités et ayant fait son apparition à la même époque ?

2° Une constitution des empereurs Dioclétien et Maximien, qui a pris place dans le *Code de Justinien*[2], vient encore confirmer cette manière de voir. Elle est ainsi conçue : *Injuriarum causa non publici judicii sed PRIVATI continet querelam.*

Qui veut trop prouver ne prouve rien, répond-on. Il est en effet une injure, le libelle diffamatoire, contre laquelle existe, sans aucun doute, un *publicum judicium*. Que devient en présence de ce fait l'affirmation générale contenue dans la constitution que l'on invoque ? Évidemment sa forme trop absolue indique tout de suite que ce texte ne vise pas toutes les actions d'injures, mais une action particulière : l'action prétorienne. Puisque cette constitution ne comprend sûrement pas le *famosus libellus*, quelle raison y a-t-il pour ne pas excepter également les injures réprimées par la loi *Cornelia*, et restreindre ainsi l'application de ce texte aux seules actions prétoriennes ?

Cette façon de raisonner nous paraît singulièrement étrange, et nous n'apercevons pas la raison d'être de la limitation arbitraire mise à la portée de ce texte. Sa formule trop absolue comporte sûrement

[1] L. 1, *D.*, XLVIII, 1.
[2] L. 5, C., *De Injuriis*, IX, 35.

une exception, nous le reconnaissons, mais ce n'est pas là un motif suffisant pour en introduire une seconde. Y a-t-il entre le *famosus libellus* et l'action de la loi *Cornelia* un rapport nécessaire, un lien quelconque, une analogie même apparente ? Nullement. Mais alors, de ce que le *famosus libellus* fait exception à la règle posée par notre constitution, comment peut-on conclure que l'action de la loi *Cornelia* doit nécessairement y échapper aussi ? Pour tenir un pareil langage il faut admettre, *à priori,* ce qu'il s'agit précisément de démontrer, à savoir, que la loi *Cornelia* organise un *judicium publicum.* N'est-il pas bizarre d'argumenter de la généralité d'un texte pour en restreindre la portée ? Il nous semble beaucoup plus conforme à la logique de décider qu'une règle ne comporte pas d'autres exceptions que celles qui sont formulées par un texte exprès ; or la seule exception certaine que nous puissions admettre est celle du *famosus libellus*[1].

3° Le principal argument du système de Vinnius repose sur un texte extrait du titre *de procuratoribus* au *Digeste*[2], ainsi conçu : « *Ad 'actionem injuriarum ex lege Cornelia procurator dari potest : nam et si pro publica utilitate exercetur, tamen PRIVATA est.* »

Les partisans de Cujas, Voët... ont cherché à détruire la force que donnent à l'opinion que nous soutenons les mots « *tamen privata est* ». Ce qu'il nous semble, disent-ils, c'est que Paul n'envisage dans ce passage l'action de la loi *Cornelia* que comme action civile. Mais rien ne dit qu'il n'admettait pas que cette loi pût donner naissance à une action criminelle. S'il ne s'explique pas sur ce point, c'est qu'il n'avait pas à en traiter à propos des Procureurs, le droit romain n'admettant pas qu'on y eût recours dans les poursuites criminelles.

Cette interprétation ne nous satisfait pas parce qu'elle laisse une partie du texte inexpliquée, celle précisément sur laquelle nous appuyons notre opinion. Si, comme on le prétend, en effet, Paul dans ce passage n'envisageait l'action de la loi *Cornelia* que comme action civile, il lui eût suffi de nous dire « *ad injuriarum actionem ex lege Cornelia procurator dari potest* ». Le second membre de phrase serait inutile, ou plutôt il ne ferait qu'obscurcir le sens du premier,

---

[1] L. 6 et Accarias, t. II, p. 642, note 3.
[2] L. 42, § 1er, D., III, 3.

car personne n'ignorait l'impossibilité de recourir à un procureur dans les poursuites criminelles. Ce texte, à nos yeux, a une tout autre portée. Si Paul n'envisage l'action que comme civile, c'est parce qu'elle ne peut être que telle, la loi *Cornelia* n'organisant pas de *judicium publicum*. Mais alors, pourrait-on nous objecter, c'est le premier membre de phrase qui devient inutile : si l'action ne peut être que civile, il est évident qu'on peut plaider par procureur et il n'était nullement besoin de faire mention spéciale de l'action de la loi *Cornelia*, celle-ci rentrant dans le cercle des actions privées auxquelles le texte venait de faire allusion[1]. Là est précisément l'erreur : pourquoi le jurisconsulte décide-t-il qu'un *procurator* est possible dans l'espèce ? Il prend soin de nous l'expliquer lui-même : parce que les motifs d'ordre public sur lesquels est fondée la loi auraient pu induire en erreur sur la nature et le véritable caractère de l'action qu'elle fait naître ; un *procurator dari potest*, nous dit-il, car, malgré son caractère d'utilité publique, l'action de la loi *Cornelia* n'en est pas moins une action privée. Telle est, à notre avis, la véritable interprétation de ce passage dont toute l'importance réside dans le second membre de phrase, qui a une portée générale et par lequel Paul a voulu dissiper des doutes en précisant le caractère de l'action née de la loi *Cornelia ;* l'opposition même des termes est concluante : *et si pro publica utilitate exercetur, tamen privata est.*

D'autres considérations pourraient encore être alléguées, tendant à confirmer l'induction tirée des textes. Ainsi ne paraît-il pas singulier de prêter à l'auteur de la loi *Cornelia* une double tendance contradictoire : institution d'une part d'une action publique dans laquelle tout citoyen peut se porter accusateur ; restriction d'autre part du nombre de ceux qui peuvent intenter l'action civile, puisque cette dernière compète exclusivement à la personne offensée et que, dans le cas même où l'injure s'adresse à un fils de famille, lui seul peut l'intenter à l'exclusion du *paterfamilias*. On a dit, il est vrai, pour justifier cette disposition, dérogatoire au droit antérieur, qu'il était inique de laisser à un père, peut-être négligent sinon animé de mauvais vouloir, le soin de venger l'honneur de son fils. Mais il eût suffi, pour remédier à cet inconvénient, d'accorder cumulativement

---

[1] L. 42, pr. *eod. loco.*

au père et au fils la jouissance de ce droit de poursuite, sauf à en restreindre l'exercice au plus diligent d'entre eux. Et puis, le père à qui est refusé l'exercice de l'action civile, ne pourra-t-il pas poursuivre criminellement? Si, puisqu'il fait partie du *quivis a populo*. Néanmoins, les jurisconsultes romains qui ont pris un soin minutieux à nous dire que l'action de la loi *Cornelia* ne peut appartenir qu'au fils, que seule l'action prétorienne subsiste en faveur du père, auraient omis de signaler aussi pour ce dernier la possibilité de se porter accusateur au criminel[1]. Cette omission n'est-elle pas significative et ne tend-elle pas à confirmer l'opinion que nous avons défendue jusqu'ici, surtout quand on tient compte des expressions larges dont se sert Ulpien refusant au père l'exercice de l'action de la loi *Cornelia* : *ex lege Cornelia pater agere non potest* (v. la note précédente). S'il eût soupçonné l'existence d'un *judicium publicum*, d'une poursuite criminelle ouverte à tout citoyen, ce jurisconsulte, d'ordinaire si précis, n'aurait-il pas pris soin de délimiter plus exactement le champ d'application de la règle qu'il formulait, alors surtout qu'un mot suffisait à traduire nettement sa pensée : *ex lege Cornelia CIVILITER pater agere non potest?* Cette observation paraissait d'autant moins devoir échapper à l'attention méticuleuse des juristes romains que dans l'opinion que nous combattons, notre loi aurait été introductive de droit nouveau à un double point de vue : en tant que réservant exclusivement au fils l'exercice de l'action, ce que les textes mettent fort bien en lumière ; et en tant qu'organisant un *judicium publicum*, ce que les jurisconsultes semblent n'avoir même pas soupçonné.

Enfin, si la loi *Cornelia* avait, à côté de l'action civile, organisé un *judicium publicum*, une *quœstio perpetua* aurait sans doute été créée, chargée de connaître de ce délit.

A une pareille objection, la réponse semble facile ; il est hors de doute que l'injure *per famosum libellum* donnait lieu à un *judicium publicum*[2], et nulle part, néanmoins, les textes ne nous révèlent

---

[1] L. 5, § 6. *Illud quæritur, an pater, filiofamilias injuriam passo, ex lege Cornelia, injuriarum agere possit? Et placuit non posse: æque ea re inter omnes constat ; sed patri quidem prætoria injuriarum actio competit, filio vero legis Corneliæ.*

[2] L. 6.

l'existence d'une *quæstio* appelée à connaître de cette infraction aux lois ; l'anomalie signalée en ce qui concerne la loi *Cornelia* ne tire donc pas à conséquence.

Tel n'est pas notre avis : la date du sénatusconsulte, organisant une action publique contre le libelle diffamatoire, nous est inconnue ; mais, de l'avis de tous les auteurs, elle est certainement postérieure à celle de la loi *Cornelia*. Or, l'institution des *quæstiones perpetuæ* tomba rapidement en désuétude, et dès le commencement de l'Empire la juridiction criminelle passa peu à peu aux mains des fonctionnaires impériaux qui statuaient seuls *extra ordinem*[1]. Au contraire, au moment où apparaissait la loi *Cornelia*, les *quæstiones* étaient dans leur plein épanouissement et c'est sous la dictature même de Sylla que les plus connues ont été créées (*quæstio de sicariis et veneficiis, de falsis, de ambitu, de peculatu*). Bien plus, il semble que ce soit Sylla qui a assigné à cette institution son rôle de juridiction criminelle ordinaire[2]. Ne pourrait-on pas dès lors s'étonner, à juste titre, qu'il eût, en matière d'injures, créé une action publique sans organiser à côté une *quæstio* compétente ?

Signalons en terminant deux autres dispositions de la loi *Cornelia*. Aux termes de la première, l'accusé pouvait récuser comme juges les personnes qui, en raison de leur parenté avec l'accusateur, ne lui semblaient pas être dans de suffisantes conditions d'impartialité, savoir : son gendre, son beau-père, le mari de sa mère, son beau-fils, son patron ou celui de son père : en deux mots, il pouvait récuser tous ceux que des liens de famille ou de patronage unissaient à son adversaire[3].

D'autre part, la loi accordait au plaignant la faculté de déférer au *reus* le serment décisoire sur le point de savoir si oui ou non il avait eu l'intention de faire injure. Cette pratique fut bientôt admise même dans l'exercice de la loi prétorienne ; car, dit Sabinus, le préteur doit modeler ses décisions sur celles de la loi : *prætores exemplum legis secuturos* et Ulpien nous apprend que de son temps *ita res se habet*[4].

---

[1] V. MAY, *Éléments de Droit romain*, 1re édition, t. II, p. 243, note 4, et SAUVAIRE-JOURDAN, *Quæstiones perpetuæ*, pp. 84 et suiv. Thèse pour le Doctorat.
[2] V. SAUVAIRE, *op. cit.*, p. 44.
[3] L. 5, pr.
[4] L. 5, § 8.

SECTION IV.

Au premier rang des documents législatifs qui traitent de l'injure postérieurement à la loi *Cornelia*, il convient de signaler le sénatus-consulte *adversus famosos libellos* auquel nous avons, mainte fois déjà, fait allusion [1]. Nous avons fait remarquer plus haut [2] que les auteurs de libelles diffamatoires pouvaient être atteints soit par l'action civile, soit par l'action criminelle. Ces deux actions coexistantes dans le droit nouveau ne firent pas leur apparition à la même époque. La première avait été organisée par le droit prétorien qui, en punissant toute atteinte à l'honneur des personnes, faisait rentrer le libelle diffamatoire dans le délit d'injures [3] ; mais cette action ne pouvait être mise en mouvement que par la victime elle-même. Si donc cette dernière n'était pas désignée d'une façon certaine dans l'écrit, l'action prétorienne ne pouvait pas être intentée, vu l'impossibilité pour la personne attaquée de prouver que c'était elle qu'on avait voulu outrager [4].

C'est pour remédier à un pareil état de choses qu'intervint le sénatusconsulte, justement appelé par Paul, nécessaire : « *Quod senatusconsultum necessarium est, cum nomen adjectum non est ejus in quem factum est (libellum)* [5]... » La date nous en est inconnue. Mais ce qu'il importe de noter, car, à nos yeux, c'est là une innovation en matière d'injures, c'est que cette disposition institue un *judicium publicum* contre quiconque a écrit, composé, inspiré, fût-ce sous un nom d'emprunt, fût-ce sans nom d'auteur, un libelle injurieux [6]. Et ce *judicium publicum* avait ceci de particulier que

[1] L. 6.
[2] Chap. I, sect. II.
[3] L. 15, § 15.
[4] L. 7, pr.
[5] L. 6.
[6] L. 5, § 9.

n'importe qui pouvait le provoquer, à la charge seulement de démontrer que l'auteur avait l'intention de diffamer quelqu'un, ce quelqu'un
fût-il inconnu. En recherchant dans notre second chapitre les éléments essentiels de tout délit d'injures, nous en avons trouvé trois :
un acte injurieux et illégal, une intention perfide et méchante, une
atteinte outrageuse. Deux semblent ici suffisants pour constituer le
délit, puisque l'intention malveillante jointe à l'acte permet d'intenter
l'action criminelle alors même que personne ne peut expressément
se dire atteint.

Il est à peine besoin de dire que cette action criminelle appartenait
par excellence à la personne diffamée quand elle était plus ou moins
clairement désignée dans le libelle. Dans ce cas, la victime avait
droit d'opter entre les deux actions mises à sa disposition : *nec enim
prohibendus est privato agere judicio quod publico judicio præju-
dicatur, quia ad privatam causam pertinet.* Mais le cumul des deux
actions n'est jamais permis : *plane si actum sit publico judicio,
denegandum est privatum. Similiter ex diverso* [1].

Outre ce moyen extraordinaire de répression, le sénatusconsulte,
pour atteindre plus sûrement le but visé, avait organisé un système
d'encouragement pour les dénonciateurs d'écrits diffamatoires : cette
récompense était fixée par le juge d'après la fortune de l'accusé ; si le
dénonciateur était un esclave, on allait jusqu'à lui accorder la liberté ;
on se disait qu'après tout en l'affranchissant on servait l'intérêt public [2]. Et c'est encore au nom de l'intérêt public que le législateur
édictait ici des peines d'une extraordinaire sévérité. Le diffamateur
devenait *intestabilis*, c'est-à-dire incapable, non seulement de témoi-
gner en justice, mais encore de pourvoir par un testament au règle-
ment de sa succession : peine particulièrement grave à Rome, car
l'on sait la répugnance qu'avait tout citoyen romain à mourir
intestat [3].

La sévérité d'une telle législation n'en fut pas moins impuissante
à arrêter la diffamation écrite, surtout lorsque le christianisme étant
devenu la religion de l'État, les païens, opprimés à leur tour, recou-

---

[1] L. 6.
[2] L. 5, §§ 10 et 11.
[3] L. 5, § 9.

rurent aux diffamations les plus violentes pour perdre la religion nouvelle dans l'opinion publique. Nous trouvons au Code Théodosien jusqu'à dix constitutions rendues par les empereurs pour atteindre les libelles diffamatoires. Mais toutes eurent un caractère spécial et transitoire ; elles ne devaient pas survivre aux circonstances qui les avaient suscitées : nées à l'occasion des pamphlets injurieux dont les schismatiques poursuivaient les chrétiens du mᵉ siècle, elles n'eurent plus de raison d'être quand la paix religieuse fut rendue à l'Empire. Aussi une seule, celle des empereurs Valentinien et Valens, a-t-elle été insérée au *Code de Justinien,* ordonnant à ceux qui trouveraient des libelles de les faire disparaître, les menaçant, s'ils les publiaient, de la peine capitale, comme ceux qui les ont écrits[1].

[1] L. unique, Code, *De famosis libellis,* IX, 36.

CHAPITRE IV.

DE L'ACTION D'INJURES.

Le préjudice personnel et moral qui résulte de l'injure peut-il être réparé ? Cela ne fait pas de doute : de même qu'il y a un vol qui consiste dans l'enlèvement d'une chose dont j'ai acquis la propriété et que le dommage matériel qui en résulte appelle une réparation que me procurera l'*actio furti*; de même il y a un vol qui consiste à me faire perdre injustement cette dignité, cette considération que j'ai acquise par ma valeur personnelle ; j'en puis demander raison et pour me permettre d'obtenir satisfaction, le droit romain met à ma disposition une action, l'*action injuriarum*. Quels en sont les caractères, quelle en est la fonction, à qui appartient-elle, contre qui est-elle donnée, quelle est la procédure à suivre, quelle est l'influence de la preuve, y a-t-il un concours possible entre cette action et l'action criminelle, quel est l'aboutissant des poursuites, enfin comment peut s'éteindre cette action ; telles sont les questions nombreuses, et parfois difficiles à résoudre, que soulève l'étude de l'action qui vient sanctionner les dispositions relatives au délit d'injures.

SECTION I.

CARACTÈRE ET FONCTION.

Si, pour résoudre cette question, une des plus intéressantes peut-être de la matière, nous nous plaçons dans le droit nouveau, c'est-à-dire postérieurement à l'introduction de l'action prétorienne, nous

arriverons à cette conclusion que l'*actio injuriarum* a un double
caractère et une double fonction : elle est à la fois pénale et générale :
sa fonction peut être qualifiée d'*idéale* ou de *réelle,* suivant les cas,
pour parler un langage que nous empruntons à Ihering[1].

L'action est pénale, en ce sens qu'elle poursuit moins la réparation
d'un dommage causé qu'une vengeance réparatrice de l'offense reçue ;
elle ne tend pas à assurer l'intégrité de mon patrimoine, mais à
infliger une peine au délinquant. Sans doute, elle aboutira à une
condamnation pécuniaire ; mais comment la somme d'argent allouée
pourrait-elle être considérée comme l'équivalent d'un dommage qui,
à raison de la perte subie, n'est pas pécuniairement appréciable.
C'est une pure peine dont le demandeur bénéficie par une conséquence
naturelle de la condamnation : la condamnation, abstraction faite de
son objet, voilà ce qui constitue la véritable réparation de l'injure par
la reconnaissance publique qu'elle fait que l'injure était imméritée.
L'objet de cette condamnation, la somme d'argent, est donc essentiellement un châtiment destiné à punir un délit et à prévenir la récidive.

Du caractère pénal de notre action découlent les conséquences
suivantes : 1º l'action n'est pas plus transmissible activement que
passivement, c'est-à-dire qu'elle s'éteint soit par la mort de la victime,
soit par la mort de l'auteur de l'injure, survenue avant la *litis contestatio;* le premier seul avait été lésé ; le second seul avait mérité la
peine ; or, si nous représentons nos héritiers en contractant, nous
ne les représentons pas en commettant un délit[2]. Bien plus,
jusqu'à la *litis contestatio,* elle ne compte même pas dans notre
patrimoine : *injuriarum actio in bonis nostris non computatur, an-
tequam litem contestemur*[3]; 2º les actions dont un maître ou père de
famille n'est tenu qu'à raison du fait des personnes placées sous sa
puissance, se donnent en général de *peculio* quand elles sont *reiperse-
cutoriæ :* quand elles sont pénales, elles se donnent toujours *noxa-
liter*[4]; le père de famille, dans notre hypothèse, pourra donc se
libérer en abandonnant l'auteur du délit[5]; 3º quand plusieurs per-

---

[1] IHERING : *Actio injuriarum,* traduction de MEULENAERE, p. 5.
[2] L. 13, pr.
[3] L. 28.
[4] L. 1, *Dig., De nox. act.,* IX, 4.
[5] Nous verrons plus loin (chap. IV, sec. II, § 2) que si cette conséquence, en ce qui

sonnes sont tenues de la même action, à raison du même fait ou de la même cause, la satisfaction fournie par l'une d'elles libère toutes les autres, s'il s'agit d'une action *reipersecutoria,* car on ne se fait pas indemniser deux fois. L'*actio injuriarum,* au contraire, étant pénale, tous les délinquants sont tenus *in solidum* et la peine payée par l'un ne décharge point les autres : *singulorum proprium est maleficium, et tanto major injuria, quanto a pluribus admissa est, imo etiam tot injuriæ sunt, quot et personæ injuriam facientium* [1] ; 4° enfin, le délit d'injures ne blessant directement que des intérêts privés, l'action pénale qui en résulte est elle-même privée, c'est-à-dire qu'elle compète exclusivement, en principe, à la personne lésée. Un jour vint, il est vrai, où le législateur, voyant dans l'injure un danger pour la société elle-même, organisa à côté de l'action civile une poursuite criminelle, en vue d'assurer plus efficacement la répression de ce délit [2]. Mais l'introduction d'une action nouvelle n'influe en rien sur le caractère pénal de celle qui préexistait : toutes les deux, par des voies différentes, tendaient au même but. Nous dirons plus tard si le cumul de ces deux actions est possible ou si l'exercice de l'une ne constitue pas une fin de non recevoir à l'admission de l'autre.

C'est surtout le second caractère que nous lui avons reconnu qui donne à notre action une physionomie spéciale. Nous l'avons signalé déjà mainte fois : nous voudrions essayer ici de le mettre en lumière.

Quiconque veut bien prêter aux nombreuses décisions d'espèces que nous ont conservées les textes une attention minutieuse, ne pourra se défendre de cette impression que la jurisprudence nouvelle a donné à la sphère d'application de l'*actio injuriarum* une extension considérable et a imprimé à cette action un caractère de généralité que nous ne rencontrons pas en principe dans les autres actions du droit romain. Elle la déclare applicable, disions-nous ailleurs [3], dans

concerne l'esclave, est restée applicable jusque dans le dernier état du droit, il n'en fut pas de même au regard du fils de famille dont l'abandon noxal n'était plus permis : § 7, *Inst., De nox. act.,* IV, 8.

[1] L. 34.

[2] *Inst.,* IV, 4, § 10.

[3] Nous avons dans notre premier chapitre, section I, cité quelques espèces empruntées à cette jurisprudence nouvelle : L. 25, *Dig., De actione empti,* XIX, 1 ; L. 19 et L. 15, § 33, *Dig., De inj. et fam. libellis,* XLVII, 10.

des cas où un juriste de la République eût à peine compris semblable application, et la preuve indéniable de cette tendance nous est fournie par les textes eux-mêmes. C'est ainsi que nous voyons [1] Javolenus déclarer notre action recevable là où Labéon l'avait encore refusée : *Si inferiorum dominus œdium superioris vicini fumigandi causa fumum faceret,...... negat Labeo injuriarum agi posse : quod falsum puto, si tamen injuriæ faciendæ causa immittitur.* Le même Labéon ne croit devoir accorder que l'*actio depositi* contre le dépositaire qui s'est permis de donner lecture du testament déposé ; tandis qu'Ulpien voit dans cet acte d'indélicatesse un fait susceptible de donner également naissance à l'*actio injuriarum : si quis tabulas testamenti apud se depositas pluribus præsentibus legit, ait Labeo depositi actione recte de tabulis agi posse : ego arbitror et injuriarum agi posse....* [2]. A propos du cas : *si quis me prohibeat in mari piscari,* Ulpien fait cette remarque : *sunt QUI PUTENT injuriarum me posse agere, et ita Pomponius* [3], ce qui prouve que, même du temps de Pomponius, cette opinion était encore relativement neuve. Et qui eût songé, sous l'empire de la loi des XII Tables ou même dans les premiers temps des innovations prétoriennes, à voir une injure dans une *in jus vocatio* frivole [4], dans le fait d'apposer les scellés sur la maison d'un débiteur absent, sans l'autorisation du magistrat compétent [5], de sommer la caution quand le débiteur est disposé à payer lui-même [6], de défendre au propriétaire de vendre son esclave [7], de faire valoir une créance que l'on sait n'être pas fondée [8], d'obstruer des conduits ou de corrompre les eaux destinées à l'alimentation publique [9], de se montrer en public avec des vêtements sordides en vue de nuire à quelqu'un [10], d'annoncer la mise en vente d'un objet qu'on prétend mensongèrement avoir reçu en gage d'une personne désignée [11].

[1] L. 44.
[2] L. 1, § 38, *Dig., Depositi vel contra,* XVI, 3.
[3] L. 13, § 7.
[4] L. 13, § 3.
[5] L. 20.
[6] L. 19.
[7] L. 24.
[8] L. 15, § 33.
[9] PAUL, *Sent.,* V, 4, § 13.
[10] L. 15, § 27.
[11] L. 15, § 32.

L'une des causes de cette extension de l'action d'injures n'a échappé à personne; elle n'est pas propre d'ailleurs à une législation déterminée. Chez tous les peuples, à mesure que la civilisation se développe, on voit le sentiment de l'honneur s'élever avec elle, devenir plus délicat, plus sensible. Il n'y a rien d'étrange dès lors à ce que la susceptibilité d'un citoyen de l'Empire fût éveillée, là où un Romain ancien serait resté indifférent. « A ce point de vue, l'extension donnée à notre action forme un chapitre de l'histoire interne de la civilisation du peuple romain et présente, dans le miroir de la théorie juridique, le reflet de la gradation du sentiment national de l'honneur chez les Romains..... C'est la jurisprudence qui se met au service de l'esprit de l'époque[1]. »

Une autre cause a eu sur ce développement une influence non moins considérable, tendant à faire de l'*actio injuriarum* une sorte d'action *subsidiaire*, destinée à prévenir certains empiétements, à accorder à certains intérêts la protection que le droit ancien leur refusait parce qu'ils ne rentraient pas dans le domaine si étroitement circonscrit de ses actions. Nous allons la retrouver bientôt en parlant de la double fonction attribuée à notre action, mais il convenait de faire remarquer ici que l'accroissement graduel de la sensibilité du sentiment national de l'honneur n'a pas seul contribué à l'élargissement de la sphère qui limitait à l'origine l'application de l'*actio injuriarum*.

Cette évolution lente mais continue a parfois été contestée, et l'on a pu soutenir, avec quelque apparence de raison[2], que de tout temps la notion de l'injure avait été prise par les Romains dans le sens le plus large et qu'elle avait déjà dans le droit le plus ancien la même portée que dans le droit postérieur. L'on a pu, en effet, se laisser égarer par ce fait qu'on ne trouve chez les jurisconsultes romains aucune mention de l'extension qu'ils ont donnée à l'action au delà de sa première sphère d'application; nulle part cette action ainsi étendue n'est désignée comme *utilis*; nulle part même ils n'ont essayé de justifier cette extension. Ce silence n'est-il pas significatif?

Nullement; et il est facile de comprendre comment, contrairement

---

[1] IHERING, *op. cit.*, p. 8.
[2] KELLER, *Pandekten*, § 376.

à leur habitude, les Romains ont négligé de désigner l'action, dans l'extension qu'ils lui ont donnée, comme *utilis actio*. Partout où se trouve cette dernière expression, il s'agit de l'extension d'une action au delà des conditions légales fixées dans la loi ou dans l'édit. Et le cas était fréquent, car les lois romaines affectaient rarement le caractère de dispositions générales : elle se contentaient en quelque sorte de donner une consécration législative à des décisions d'espèces ; nous voulons dire par là que les prévisions de la loi s'étendaient à un nombre déterminé d'hypothèses, en dehors desquelles la protection légale faisait défaut : une foule de rapports de droit restaient ainsi sans sanction. Et quand l'équité ou les exigences de la pratique invitaient le législateur ou le magistrat à étendre une action en dehors du domaine qui lui avait d'abord été étroitement circonscrit, à appliquer une disposition à un cas qu'à l'origine elle n'avait pas prévu ou qui ne réunissait pas toutes les conditions requises, les jurisconsultes romains, témoignant de leur respect pour les traditions et regrettant en quelque sorte de sortir de la légalité pour donner satisfaction à l'équité, prenaient soin de nous dire qu'en pareille hypothèse, l'action n'était donnée qu'à titre utile, *utiliter*.

Ce raffinement de subtilité juridique n'avait pas de raison d'être en matière d'injures. Il s'agit ici, en effet, de l'extension d'une notion pour laquelle il n'était nul besoin de faire violence au texte de la loi (dans l'espèce, à l'édit du préteur), ni par conséquent d'entrer en conflit avec le droit existant. La formule de l'édit se prêtait merveilleusement à cette extension. Si la *lex Aquilia,* au lieu de se servir de l'expression concrète : *usserit, fregerit, ruperit,* avait employé l'expression abstraite : *damnum injuria datum,* il ne serait pas plus question, dans nos sources, d'une *actio utilis legis Aquiliæ,* que d'une *actio injuriarum utilis,* car le jurisconsulte ne se serait pas vu dans l'absolue nécessité de sacrifier l'esprit de la loi à son texte, et la jurisprudence aurait pu, sans détour, appliquer l'*actio legis Aquiliæ* partout où elle constatait l'existence d'un dommage matériel[1]. La loi *Cornelia* déterminait aussi concrètement sa notion de l'injure, *pulsare, verberare, domumve introire*[2] ; l'édit du préteur, au con-

---

[1] V. LENEL, *Das Edictum perpetuum,* p. 322.
[2] L. 5, pr.

traire, déterminait la sienne abstraitement : *quid injuriæ factum sit*[1]; *ne quid infamandi causa fiat*[2]. « Il en résultait qu'il était possible de donner à cette dernière action, sans mention extérieure de l'extension, une portée infiniment plus vaste que celle que le premier auteur de l'édit avait eue en vue, tandis qu'on n'aurait pu étendre l'action de la *lex Cornelia*, sans indiquer cette extension par l'addition du mot *utilis*[3]. »

Cette délimitation de la sphère ancienne et de la sphère nouvelle d'application de notre action, que les juristes romains n'avaient pas marquée, la doctrine moderne l'a tentée, et elle a été conduite à reconnaître à l'*actio injuriarum* une double fonction, déjà entrevue, quoique d'une façon encore confuse, par Walter, Sintenis, Schweppe et mise en lumière par Ihering[4].

Nous avons dit, en recherchant les caractères particuliers du délit d'injures[5], que le but primordial, le but essentiel de l'action que nous étudions, était la répression d'une intention perfide et méchante tendant à amoindrir ce patrimoine moral de l'homme de bien, composé d'honneur, de considération et d'estime. Un dommage purement moral appelait une réparation de même nature, et c'est là sans aucun doute la fonction idéale de notre action. Mais cette conception primitive n'a été que la forme historique sous laquelle une idée, qui portait sa justification en elle-même, a fait sa première apparition dans le droit. Cette fonction s'est maintenue avec son importance capitale jusque dans le dernier état de la législation, mais une seconde devait dans la suite être appelée à se joindre accidentellement à elle : « l'obtention d'un résultat réel au moyen d'une action, qui, à son origine, tendait uniquement au but idéal de la réparation psychologique d'une lésion de droit[6] ».

[1] L. 7, pr.

[2] L. 15, § 25.

[3] V. IHERING, *op. cit.*, p. 10.

[4] WALTER, *Neues Archiv für Kriminalrecht*, IV, pp. 108 à 140 et 240 à 308 (1821); SINTENIS, *Das praktische gemeine Civilrecht*, II, § 124 ; SCHWEPPE, *Das Römische Privatrecht*, 4ᵉ éd., III, § 544 (1831) ; IHERING, *op. cit.* V. notamment pp. 11, 16, 19, un aperçu rapide de la doctrine des auteurs précités ; et pp. 24 et suiv., la théorie de l'auteur de l'*actio Injuriarum*.

[5] Chap. I, sect. 1.

[6] Nous empruntons à Ihering cette qualification de fonction *idéale* ou *réelle*, à laquelle il applique parallèlement les expressions d'action d'injures *abstraite* ou *concrète*. V. *op. cit.*, pp. 5, 9, 25, etc.

La législation ancienne laissait sans les atteindre une foule d'empiétements sur le droit d'autrui, empiétements qui, à une époque inculte, peuvent bien paraître quantité négligeable, mais qui, avec les progrès de la civilisation, deviennent plus saillants et exigent que l'on s'occupe d'eux. Dans cet élargissement de l'horizon des intérêts privés, on eut recours à l'*actio injuriarum* pour assurer à quelques-uns d'entre eux la protection qui leur faisait défaut. « Cette protection ne couvrait pas seulement l'intérêt purement personnel de la réparation d'une lésion. Sans doute, les cas dans lesquels cette action était accordée étaient de telle nature qu'un point d'honneur susceptible pouvait y faire voir une mésestime de la personnalité, mais là ne se bornait pas la valeur pratique de l'action. Abstraction faite de toute considération de ce genre, elle rendait le précieux service de repousser des atteintes que ne devait point souffrir même l'homme possédant un sentiment moins sensible de l'honneur et préoccupé de motifs purement réels... »

Un Romain de qualité pouvait, à bon droit, voir dans une *in jus vocatio* frivole une lésion de son honneur ; le but idéal de l'action était le seul qui lui importât. Pour un homme d'affaires ou un artisan, au contraire, dont l'*in jus vocatio* interrompait la besogne et faisait perdre le temps, l'action avait une valeur réelle ; elle l'indemnisait pour le temps perdu ou pour le trouble causé à son état, et si peu de cas qu'il fît de son honneur, il savait bien estimer la valeur de son temps et de ses affaires. Un exemple nous est fourni par la L. 25 (*de actione empti*), déjà citée. L'*actio injuriarum* que le juriste reconnaît ici à l'acheteur, présentait pour ce dernier l'avantage de lui offrir, du chef des retards imputables au vendeur, une réparation qu'il n'aurait pu obtenir au moyen de l'*actio empti*, à cause de la tradition déjà effectuée de l'objet vendu. En un mot, l'action lui servait en pratique d'*action en dommages-intérêts*. Il en était de même dans le cas prévu par la L. 44, *de injur.* (47.10). Pas n'est besoin de considérer le jet d'immondices que fait un voisin dans notre jardin, comme une offense personnelle, pour justifier la nécessité d'une protection juridique, et pour pouvoir accepter avec reconnaissance l'*actio injuriarum* que le droit romain accorde dans ce cas. Qu'un simple passant, en effet, souille un terrain qui nous appartient, son fait donnera naissance à la même action. L'*actio injuriarum* offre ici le seul moyen de défense. Il va sans dire qu'il ne peut être question d'une *actio negatoria* ; d'après la théorie romaine sur la possession, il n'y a pas lieu non plus à l'interdit *uti possidetis,* et l'*actio legis Aquiliæ* présuppose l'existence d'un dommage, condition qui, d'ordinaire, fait défaut dans les espèces dont il s'agit ici[1]. »

Ainsi, sous le point de vue de l'offense personnelle que l'action met en avant, peut se cacher accidentellement un intérêt réel, qui trouve en elle une protection qui, sans elle, lui ferait défaut, et dans cette fonction nouvelle qui est venue s'ajouter à sa fonction primitive, notre action joue le rôle d'action supplétoire. Cette fonction subsidiaire, fondée sur la défectuosité du droit ancien, avait été déjà nettement aperçue par Schweppe[2]. « L'*actio injuriarum,* chez les Romains, dit-il, était une espèce d'action supplétoire pour une foule de rapports connexes dans lesquels quelqu'un souffrait une injustice sans qu'il y eût dommage à son patrimoine. »

La différence des deux fonctions est très simple : elle tient à la distinction entre la lésion médiate et la lésion immédiate de la personne : immédiate, quand la personne est lésée dans ce qu'elle *est,* dans son corps, dans sa liberté, dans son honneur ; médiate, quand elle est lésée dans ce qu'elle *a,* c'est-à-dire dans ses relations avec le monde extérieur. Au premier cas se rattache l'*actio injuriarum* dans sa fonction originairement exclusive ; au second cas se rattache l'action dans sa fonction ultérieure ou supplétoire.

Reste une difficulté, mais elle est grande : aussi pour la résoudre nous contenterons-nous de résumer en quelques mots l'opinion de l'auteur auquel, dans la discussion précédente, nous avons fait déjà de si fréquents emprunts.

Dire que l'action d'injures *abstraite* a pour fondement une lésion immédiate de la personne, et l'action *concrète* une lésion médiate, c'est bien distinguer l'une de l'autre les deux fonctions de l'action d'injures, mais ce n'est pas distinguer l'action concrète des autres actions qui ont le même objet qu'elle. De ce que, en effet, notre action supplétoire ne peut avoir pour fondement qu'une lésion médiate de la personne, il ne faudrait pas conclure que toute lésion de

[1] IHERING, *op. cit.,* pp. 5 et 6.
[2] *Op. cit.,* § 544, et IHERING, *op. cit.,* p. 16.

cette nature tombe sous le coup de l'action d'injures ; ce serait dire que la protection du droit se résout tout entière en l'*actio injuriarum*, ce qui équivaudrait à l'abandon complet du caractère propre de cette action.

« Les lésions médiates de la personne forment l'objet d'actions spéciales, dont la forme propre correspond à la nature particulière du droit et à l'espèce de la lésion[1]. » Pour qu'une lésion tombe sous le coup de l'action d'injures, il faut qu'elle ait un caractère injurieux. Mais quel signe distinctif permettra dans la lésion médiate de reconnaître sûrement ce caractère ? Ce n'est, dit Ihering, ni l'*intention contraire au droit*, sinon toute injustice volontaire constituerait une injure (p. 26) ; ni l'*absence d'esprit de lucre*, bien qu'en principe l'offenseur ne vise pas l'appropriation d'un avantage patrimonial aux dépens de celui qu'il attaque (p. 31), car dans certains cas rapportés par les sources, l'*animus lucri faciendi* existe réellement[2].

Il ne reste dès lors, à titre de signe distinctif, que la nature de la lésion, le mépris ostensible d'un droit évident, ouvertement foulé aux pieds. Là est précisément le côté personnellement blessant qui imprime à cette forme de lésion, en opposition avec toutes les autres, le sceau de l'injure (pp. 32, 32, 34). Quand un droit est incontestable et incontesté, l'homme ne peut, sans déchoir dans l'opinion publique, tolérer qu'on le méprise. C'est là le point de contact entre la lésion du droit et l'atteinte à l'honneur, l'élément commun qu'il importait de découvrir dans l'action concrète, comme dans l'action abstraite et sans lequel ces deux actions n'auraient pas pu être mises sur la même ligne, qui a permis aux Romains de les confondre et qui établit une ligne de démarcation assez nette entre l'*actio injuriarum* et toutes les autres actions. « Abandonner ses droits sous les pieds d'autrui, dit Kant, c'est manquer aux devoirs de l'homme *envers lui-même*[3]. »

---

[1] IHERING, *op. cit.*, p. 25.

[2] V. L. 25, *Dig.*, *De act. empti*, XIX, 1 ; L. 15, § 31, et L. 20, *Dig.*, *De inj.*, XLVII, 10.

[3] IHERING, *Combat pour le Droit*, préface, p. IX, 8ᵉ édit., trad. fr. de Meydieu.

SECTION II.

A QUI APPARTIENT L'EXERCICE DE L'ACTION. — CONTRE QUI EST DONNÉE
CETTE ACTION.

§ 1er. — *A qui appartient l'exercice de l'action.*

L'action d'injures naît sur la tête de la personne offensée directement ou indirectement, et c'est, en principe, à cette personne seule
qu'appartiendra le droit de l'intenter ; mais l'exercice de ce droit suppose une personne *sui juris* ; car, dans la rigueur du droit primitif,
l'*alieni juris* est incapable de posséder par lui-même. Dans cette
dernière hypothèse, le *paterfamilias* seul peut agir, soit pour ses
enfants *in potestate,* soit pour ses esclaves, soit enfin pour sa femme
in manu. C'est alors comme mandataire légal des incapables soumis
à sa puissance qu'il agit, à moins (et c'est ici qu'apparaît dans tout
son jour l'importance capitale de l'élément intentionnel) qu'il n'ait
été visé personnellement dans l'outrage fait à son fils, à son esclave
ou à sa femme, auquel cas il poursuivrait en son propre nom.

Un même fait injurieux peut donc atteindre, directement ou indirectement, plusieurs personnes, et donner par suite naissance à autant
d'actions. Ainsi, de ce que l'injure adressée au fils fait acquérir deux
actions au père ; de ce que, d'autre part, l'injure faite à la femme
rejaillit sur le mari, il résulte que dans l'hypothèse où une fille de
famille est mariée à un fils encore en puissance, quatre actions pren-
nent naissance. Quatre personnes en effet ont été injuriées : l'une
directement, c'est la femme ; les trois autres indirectement. Chaque
père agira en son nom et au nom de celui qui est sous sa puissance[1].
Mais pourra-t-il exercer simultanément ou successivement les deux
actions ainsi réunies dans sa main et faire payer deux fois l'amende
au coupable ? La question n'a jamais fait de doute en droit romain,
c'est une des conséquences du caractère pénal de cette action de pou-

[1] Comparez : G., III, 221 ; *Inst.,* IV, 4, § 2 ; *Dig.,* L. 1, § 9.

voir être intentée plusieurs fois sans que la satisfaction obtenue par l'une des personnes lésées soit une cause d'extinction du droit de l'autre : *neque ullius actionem per alium consumi*. Bien plus, quoique parallèlement exercées, ces actions n'en restent pas moins distinctes et aboutiront à autant de condamnations probablement différentes, car la peine se mesure à la qualité de la personne offensée : *quod sua cujusque injuria propriam æstimationem habet*[1].

Le principe que l'exercice de l'action née dans la personne du fils était exclusivement réservé au père, comportait une double exception : l'une avait été introduite par le préteur, l'autre fut établie par la loi *Cornelia*.

Ce droit exclusif, conséquence logique de l'organisation de la famille à Rome, pouvait devenir la consécration d'une injustice et priver le fils d'une juste vengeance, en cas d'absence, d'imbécillité ou d'indignité du père. C'est pour corriger cette injuste rigueur du droit primitif et donner satisfaction à l'équité que le préteur vint autoriser le fils à agir en son propre nom, dans le cas où le père absent n'aurait pas laissé de *procurator* : *Si ei qui in alterius potestate erit injuria facta esse dicetur, et neque is cujus in potestate est præsens erit, neque procurator quisquam existat, qui eo nomine agat, causa cognita, ipsi qui injuriam accepisse dicetur judicium dabo*[2]. Cette disposition se fondait sur une présomption parfaitement juste : *idcirco datur actio filio, quia verisimile est patrem si præsens fuisset acturum fuisse*[3]. Et Ulpien, par une raison d'analogie bien entendue, étendait cette équitable décision au cas où le père, quoique présent, se trouvait dans l'impossibilité d'agir, par suite de son état mental : *quia et hic pater ejus absentis loco est*[4]. Quand au contraire le père présent et capable se refusait à agir, une tout autre considération poussait le même jurisconsulte à faire fléchir la règle : *neque enim debet pater vilissimus filii sui contumeliam ad suam vilitatem metiri*[5].

Mais en tout cas, avant de confier au fils la conduite de l'affaire, le

---

[1] L. 18, § 2 ; L. 30, § 1er, et L. 31.
[2] L. 17, § 10.
[3] L. 17, § 12.
[4] L. 17, § 11.
[5] L. 17, § 13.

préteur s'assurait que le père n'avait pas laissé de *procurator*, car le représentant du père était préféré aux victimes mêmes de l'injure, tant était puissant et respecté à Rome le pouvoir du chef de famille. Un mandat spécial n'était même pas exigé de ce *procurator* : *verum suffcit eum esse cui omnium rerum administratio mandata est*[1], pourvu toutefois qu'il justifiât cette préférence par son honnêteté et sa diligence, car en cas de retard calculé ou d'indignité de sa part, *ipsi potius qui injuriam passus est actio competit*[2].

Enfin, commentant le *cognita causa* de l'édit, Ulpien nous indique quelques-unes des considérations sur lesquelles devra porter l'examen préalable à la délivrance de la formule[3] ; puis il prend soin de nous avertir que, quand le *paterfamilias* ne pourra ou ne voudra exercer l'action, ce ne sera pas toujours par le fils offensé lui-même qu'elle sera intentée. Qu'on suppose un petit-fils insulté en l'absence de son grand-père, chef de famille, mais en présence de son père : l'action sera exercée par ce dernier à qui revient de droit le privilège de défendre son fils, bien qu'il soit lui-même *filiusfamilias*[4].

On voit par là quel était le respect du préteur pour l'antique organisation de la famille romaine, combien il redoutait de briser les liens d'étroite dépendance qu'elle créait entre les membres qui la composent, et combien timides étaient ses innovations, même quand l'équité militait en leur faveur.

Les mêmes considérations ne pesèrent pas du même poids sur les réformes réalisées par Sylla. Lorsqu'un fils de famille avait souffert un des outrages prévus et punis par la loi *Cornelia de injuriis*, l'action de cette loi ne prenait naissance qu'en sa personne et ne pouvait être exercée que par lui[5]. Tout en laissant subsister l'action prétorienne accordée au père, la loi consacrait ainsi une double dérogation au droit commun : d'une part, elle ne donnait naissance qu'à une seule action ; d'autre part, cette action n'était pas acquise au père par l'intermédiaire de son fils ; celui-ci l'exerce même sans être tenu de garantir par une caution que son père ratifiera ce qu'il a fait[6].

[1] L. 17, § 16.
[2] L. 17, § 15.
[3] L. 17, § 17.
[4] L. 17, § 18.
[5] L. 5, § 6.
[6] L. 5, § 7.

C'est là le côté le plus intéressant de la loi *Cornelia*, pour nous du moins qui n'admettons pas la réforme que l'on en veut faire dériver : l'organisation d'un *judicium publicum*. C'est le premier pas vers la reconnaissance au fils d'une personnalité distincte de celle de son père ; le premier pas vers cette émancipation qui continuera dès le début de l'Empire et ira se développant rapidement avec la création successive des divers pécules.

Ce progrès était tellement considérable que d'éminents commentateurs, Accurse et Pothier, se sont refusés à l'admettre. D'après eux, la seule innovation consisterait à interdire au père l'exercice de l'action *suo nomine,* et cela pour une mesquine raison de forme tirée des termes dans lesquels est conçue la formule : « *Scilicet quia lex Cornelia ei dat actionem qui pulsatus, verberatusve est : pater autem non est pulsatus. Cæterum agere poterit ex legis Corneliæ actione quæ filio competit et patri per filium jure patriæ potestatis quæritur*[1]. »

Cette supposition gratuite est inadmissible en présence du texte clair et précis d'Ulpien ; il y est dit fort nettement que le père peut exercer l'action que lui donne le préteur, mais que le fils usera seul de l'action créée par la loi *Cornelia : Illud quæritur an pater, filiofamilias injuriam passo, ex lege Cornelia injuriarum agere possit? Et placuit non posse, deque ea re inter omnes constat*[2]. Et puis, pour que se posât la question de savoir si le fils devait fournir la *cautio de rato*[3], il fallait bien qu'il exerçât lui-même l'action. Enfin, promulguée à une époque où les discordes civiles avaient rendu plus fréquent le délit d'injures, la loi *Cornelia* avait pour but d'assurer la répression en augmentant les facilités de la poursuite. Or, en quoi ce résultat eût-il été atteint si le législateur se fût borné à dire que l'action nouvelle appartiendrait au père comme l'ancienne, sous l'unique réserve qu'il ne l'exercerait pas *ex propria persona,* mais *ex persona filiifamilias ?*

Mentionnons rapidement quelques cas spéciaux où la victime de l'injure est un esclave.

---

[1] Pothier, *Pandectes, De inj. et fam. libellis.*
[2] L. 5, § 6.
[3] L. 5, § 7 ci-dessus.

Quand l'esclave injurié appartient à un maître pour l'usufruit, à un autre pour la nue propriété, Ulpien décide que l'action sera donnée de préférence au nu propriétaire[1]. Si un homme libre est possédé de bonne foi comme esclave, il aura l'action d'injures préférablement à celui qu'il sert. L'intention toutefois étant souveraine en cette matière, s'il ressortait des faits de la cause que l'offenseur, dans la personne de l'esclave, visait l'usufruitier, et dans la personne de l'homme libre, celui qui le possédait de bonne foi, la règle fléchirait et l'action serait attribuée à l'usufruitier ou au possesseur de bonne foi[2].

Un esclave injurié appartient à plusieurs maîtres : l'action est évidemment donnée à tous[3] : mais dans quelle proportion ? La difficulté provient de ce que nous avons sur la question deux textes en apparence contradictoires. D'après les *Institutes* (IV, 4, § 4), pour déterminer le montant de la condamnation, il faut prendre en considération, non pas la part de propriété de chaque maître, mais la condition sociale de chacun d'eux : *Si communi servo injuria facta sit, æquum non est ex parte qua quisque dominus est, æstimationem injuriæ fieri, sed ex dominorum persona.* Paul semble rejeter cette opinion : *Non esse æquum pro majore parte quam pro qua dominus est, damnationem fieri, Pedius ait : et ideo officio judicis portiones æstimandæ erunt*[4].

Diverses conciliations ont été proposées pour expliquer l'antinomie qui existe entre ces deux textes[5]. La plus satisfaisante, à nos yeux, est celle qu'ont adoptée Demangeat et Ortolan.

D'après ces auteurs, les deux textes viseraient chacun une hypothèse différente. Paul s'occupe du cas où les maîtres recourent à l'action prétorienne *née en la personne de l'esclave*. Justinien, au contraire, vise *l'action personnelle* aux maîtres outragés, action appartenant entièrement à chacun d'eux, car une injure ne se scinde pas : le magistrat ici tiendra compte, non du droit de copropriété de chacun, mais de son rang, de sa dignité, de tout ce qui peut, en un

---

[1] L. 15, § 47.
[2] L. 15, §§ 47 et 48.
[3] L. 15, § 49.
[4] L. 16.
[5] V. POTHIER, *Pandectes,* sect. II, art. 1er, § 2, note 4 ; les deux textes, d'après cet auteur, prévoient la même hypothèse : il faut donc les appliquer cumulativement et non disjonctivement, car ils se complètent l'un par l'autre.

mot, modifier à son égard la gravité de l'injure. Les derniers mots du
texte des *Institutes: quia ipsis fit injuria,* viennent d'ailleurs confirmer cette interprétation en montrant qu'il s'agit bien de l'injure
adressée aux maîtres eux-mêmes, par l'intermédiaire d'un esclave en
indivision.

Si en principe l'action est exercée par celui auquel elle appartient,
rien ne s'oppose à ce que la victime du délit constitue un *procurator*
chargé d'agir en son nom[1]. Cela toutefois n'était possible que pour
l'exercice de l'action civile : qui voulait recourir à l'action criminelle
devait l'intenter en personne ; une seule exception fut apportée à
cette règle par Zénon en faveur des *illustres,* autorisés à se faire
représenter dans un procès criminel, qu'ils y figurassent comme
accusateurs ou comme accusés[2].

§ 2. — *Contre qui l'action d'injures est-elle donnée?*

Déterminer quelles personnes peuvent faire l'injure, c'est désigner
implicitement les personnes contre lesquelles l'action d'injures peut
être donnée. Nous avons donc répondu par avance[3] à la question que
nous soulevons ici. L'action sera donnée non seulement contre l'auteur principal mais encore contre son complice, contre celui qui a
frappé et contre celui qui, par dol ou autrement, est cause que quelqu'un a frappé ; à celui qui commande, il faut assimiler celui qui
consomme l'injure : agir sur le conseil ou la provocation d'un tiers,
c'est joindre sa volonté à la sienne ; obéir à un ordre qu'on serait
coupable de donner, c'est être coupable soi-même[4].

Auteur principal et complice sont donc également menacés, parce
qu'ils ont également, quoique par des moyens différents, contribué
à amoindrir ce qui constitue le patrimoine moral d'un individu, son
honneur, sa dignité, sa réputation. Mais il convient de distinguer
suivant que le coupable est une personne maîtresse d'elle-même ou
soumise à la puissance d'autrui. Si l'auteur du délit est *sui juris,*

[1] L. 11, § 2.
[2] L. 11, Code, *De injuriis,* IX, 35.
[3] Ch. ii, sect. II.
[4] L. 11, pr. et §§ 3, 4, 5.

nous n'avons que peu de choses à dire : rien ne modifie la marche ordinaire de l'instance, à moins que le coupable ne soit un magistrat : non pas qu'une pareille dignité assure à celui qui en est revêtu le privilège de l'impunité[1], mais, en pareil cas, une question préjudicielle se pose ; celle de savoir si l'on doit surseoir à la poursuite tant que durent les fonctions. Oui, répond Ulpien, quand il s'agit de magistrats *qui imperium habent*[2] ; mais s'il s'agit de magistrats inférieurs, *sine imperio aut potestate,* rien ne s'oppose à ce qu'ils soient traduits en justice pendant la durée de leurs fonctions[3].

Lorsque l'auteur du délit est un fils de famille, deux hypothèses peuvent se présenter : 1º le père peut défendre ou faire défendre à l'action par un *procurator* en fournissant la *cautio judicatum solvi,* auquel cas l'instance est liée, et la condamnation s'exécutera contre le père lui-même. Il peut s'abstenir ou constituer un *procurator* sans *cautio,* ce qui équivaut à une abstention[4] : dans ce cas, le fils n'est pas valablement défendu et nulle contrainte ne peut forcer le père à se départir de son abstention. Quelle ressource reste alors au demandeur ? L'abandon noxal dans le droit ancien[5]. Dans le droit de Justinien, il n'a d'autre ressource que d'actionner directement le fils[6] et de poursuivre ensuite contre le père l'exécution de la sentence par l'action *judicati de peculio,* quand le fils est propriétaire d'un pécule dont il a la disposition. On pourrait objecter, il est vrai[7], que le principe de l'action *de peculio* réside dans un consentement que le père est réputé donner par avance aux obligations contractées par le fils, et qu'un tel consentement ne saurait se présumer quand il s'agit de la perpétration d'un crime ou d'un délit. La réponse nous semble facile : cette manière de voir suppose une confusion entre deux actions bien distinctes. Ce n'est pas la réparation morale qui est poursuivie *de peculio* contre le père, car le caractère essentiellement personnel et pénal de l'*actio injuriarum* s'oppose à ce qu'elle soit dirigée contre lui, mais bien l'exécution de la condamnation obtenue contre le fils, ou

---

[1] L. 32.
[2] L. 2, *Dig., De in jus vocando,* II, 4.
[3] L. 32.
[4] L. 36.
[5] § 7, *Inst., De nox. act.,* IV, 8.
[6] ACCARIAS, t. II, p. 1187.
[7] ACCARIAS, t. II, p. 164, note 1.

l'objet de cette condamnation, c'est-à-dire la peine *pécuniaire* prononcée par le juge. En d'autres termes, c'est l'action *judicati de peculio* qui est donnée ici contre le père, quand le fils a succombé à l'*actio injuriarum*. C'est qu'en effet, au moment de la *litis contestatio*, l'obligation s'est en quelque sorte séparée de sa cause primitive, qui était illicite et n'autorisait aucun recours contre le père[1] ; désormais elle se rattache seulement à sa cause immédiate qui est licite et par conséquent autorise l'action *de peculio*. Le fils n'est plus tenu *propter delictum,* mais pour une cause nouvelle, qui a le caractère d'un contrat, *propter litis contestationem,* ou mieux, dans notre espèce, *propter rem judicatam. Judicati quoque patrem de peculio actione teneri (scribit Papinianus). Quod et Marcellus : putat ejus actionis nomine, ex qua non potuit pater de peculio actionem pati : nam sicut in stipulatione contrahitur cum filio, ita judicio contrahi : proinde non originem judicii spectandam, sed ipsam judicati velut obligationem*[2].

Quand l'injure a été commise par un esclave, celui-ci, à la différence du fils, ne pouvant jamais être actionné en justice, la victime du délit devra nécessairement diriger sa demande contre le maître, qui pourra prendre divers partis : remettre l'esclave au juge pour le faire battre de verges, l'abandonner noxalement au plaignant, ou bien encore payer la somme arbitrée par le juge[3]. Ce dernier parti sera même le seul possible s'il est démontré que l'esclave a agi par l'ordre de son maître, sans néanmoins, nous l'avons dit, que le délit du maître efface toute culpabilité de l'esclave : *noxa caput sequitur, nec in omnia servus domino parere debet*[4].

---

[1] Avant la suppression de l'abandon noxal des personnes libres, elle n'aurait autorisé contre le père qu'une action noxale.

[2] L. 3, § 11, *Dig., De peculio*, XV, 1.

[3] L. 17, §§ 4 et 5.

[4] L. 17, § 7.

SECTION III.

DU CONCOURS D'ACTIONS.

La faculté, pour la partie lésée, d'agir soit par la voie civile, soit par la voie criminelle, qui n'avait été reconnue à l'origine que pour un petit nombre de délits, ceux prévus par le sénatus-consulte sur les libelles diffamatoires, et, peut-être, par la loi *Cornelia,* ne tarda pas à se généraliser, à s'étendre à toute espèce d'injures. Cette réforme, accomplie en partie au commencement de l'époque classique[1], fut définitivement consacrée par Justinien : *In summa sciendum est de omni injuria eum qui passus est posse vel criminaliter agere, vel civiliter.... Sin autem criminaliter, officio judicis extraordinaria pœna reo irrogatur*[2]. Une instance civile ou criminelle, telle peut donc être, dans le dernier état du droit, l'aboutissant de toute injure.

Le demandeur pouvait-il exercer l'une et l'autre de ces deux actions ; n'avait-il au contraire que la liberté du choix entre l'une ou l'autre ? En d'autres termes, le cumul de ces deux actions est-il possible ou l'exercice de l'une ne constitue-t-il pas plutôt une fin de non-recevoir à l'admission de l'autre ? C'est cette dernière solution qui s'impose : il y a dans la coexistence de ces deux actions un rapport tel que l'exercice de l'une fait obstacle à l'exercice de l'autre. *Plane si actum sit judicio publico, denegandum est privatum : similiter ex diverso*[3]. Les deux instances, civile et criminelle, tendent en effet au même but jurique, l'application d'une peine ; or, ce résultat une fois obtenu, le droit du demandeur est éteint. *Bona fides,* dit Gaius, *non patitur ut bis idem exigatur*[4]. L'action civile, il est vrai, n'aboutit qu'à une peine pécuniaire, tandis que l'action

---

[1] Puisque Paul cite un grand nombre de cas dans lesquels on avait l'habitude de recourir à une poursuite *extra-ordinem : Sententiæ,* V, 4, §§ 4, 5, 11, 14.

[2] § 10, *Inst., De inj.,* IV, 4.

[3] L. 6.

[4] L. 57, *D., De reg. juris,* L. 17.

criminelle peut conduire à un résultat différent, *nam officio judicis extraordinaria pœna reo irrogatur*[1]. Peu importe, toutes les deux ont été créées pour être appliquées à titre de *vindicta* et nullement en vue de la réparation d'un dommage matériel : *ut vindicetur, non ut damnum sarciatur*[2]. Le but de ces deux actions est donc bien identique, et par suite, tout cumul est impossible : *electa una via, non datur ad alteram recursus*.

La reconnaissance à l'*actio injuriarum* d'une fonction supplétoire[3], tendant à l'obtention d'un résultat réel, ne contrarie en rien la solution que nous admettons ici. Si, comme nous le disions, le point de vue idéal peut rendre le service de donner satisfaction à un intérêt réel, d'après la conception du droit, le résultat juridique qu'elle produit pour le patrimoine constitue, non pas le but de l'action, mais une conséquence poursuivie au moyen de cette action. Ce n'est pas le résultat économique mais le résultat psychologique que le droit a en vue : la réparation morale d'un dommage moral, par l'application d'une peine. L'action civile d'injures a toujours le même caractère et le but juridique qu'elle poursuit, qu'on l'envisage dans sa fonction abstraite ou dans sa fonction concrète, est toujours identiquement le même que celui de l'action criminelle : il n'y a donc jamais de concours possible avec cette dernière.

La question de concours semble se présenter encore sous un nouvel aspect : un même acte peut violer à la fois différentes lois pénales et engendrer, par suite, plusieurs actions. Ainsi les coups portés à un esclave autorisent le maître à agir soit par l'action d'injures, soit par l'action de la loi *Aquilia*. Dirons-nous qu'il y a concours entre ces diverses actions pénales nées d'un même fait et qu'elles ne pourront, par conséquent, être cumulées ? Non assurément ; chacune d'elles doit recevoir son application, car là communauté d'objet juridique, qui est le principe unique du concours, ne se rencontre pas ici. La punition de chacun des délits commis constitue un but spécial et distinct pour chaque action. La victime a subi un double dommage, l'un moral, l'autre matériel ; elle doit pouvoir exiger une double réparation : elle poursuivra la première par l'action d'injure ; l'*actio*

[1] *Inst., loc. cit.*
[2] L. 7, § 1er.
[3] V. chap. iv, sect. I.

legis Aquilia lui assurera la seconde. Aussi Ulpien, reproduisant l'avis de Labéon, a-t-il pu dire que les coups portés à un esclave donnaient au maître le droit de poursuivre l'auteur du délit soit par l'action d'injures, soit par l'action de la loi *Aquilia,* parce que l'une tendait à l'application d'une peine, à la *vindicta,* l'autre à la réparation du dommage causé : *altera actio ad damnum pertinet culpa datum, altera ad contumeliam* [1]. Telle est aussi l'opinion de Papinien et d'Hermogénien [2].

Cette dernière opinion était particulièrement intéressante à noter, non seulement parce que Hermogénien est le plus moderne des jurisconsultes, mais surtout parce qu'en faisant allusion aux divergences de l'époque antérieure, il nous apprend que la doctrine que nous avons exposée, définitivement acceptée au temps où il écrivait, n'avait pourtant pas été admise sans controverse par les jurisconsultes romains.

Modestin érigeait en formule sentencieuse et dogmatique le principe du non cumul : *Plura delicta in una re plures admittunt actiones ; sed non posse omnibus uti probatum est. Nam si ex una obligatione plures nascuntur actiones, una tantummodo, non omnibus utendum est* [3]. La première action intentée, ayant procuré satisfaction au demandeur, a pour effet de détruire immédiatement toutes les autres. Modestin est amené à cette solution parce que, suivant lui, le résultat obtenu par la première action est identique au résultat poursuivi par les autres actions et ainsi il n'admet jamais qu'une seule des actions pénales.

L'opinion que nous avons exposée plus haut est la réfutation de celle de Modestin : cet auteur voit un concours d'actions, là où en réalité il n'y en a pas, et par suite, la conclusion à laquelle il arrive est aussi fausse que le principe qui lui sert de point de départ.

Paul admettait le cumul partiel des actions, c'est-à-dire que, par une confusion analogue à celle qui avait induit Modestin en erreur, il était conduit à ne donner satisfaction qu'à la plus étendue des ac-

---

[1] L. 15, § 46. Voir, en outre, L. 60, *Dig., De oblig. et act.,* XLIV, 7 ; L. 130, *De regul. juris,* L, 17.

[2] L. 6, pr., *Dig., Ad legem Jul. de adult.,* XLVIII, 5 ; L. 32, *Dig., De oblig. et act.,* XLIV, 7.

[3] L. 53, pr., *Dig., De oblig. et act.,* XLIV, 7.

tions en présence. D'après lui, quand un même fait engendrait deux actions d'une portée différente, on pouvait faire produire à la seconde les effets qu'elle comportait en plus que la première : *Si ex eodem facto duæ competant actiones, postea judicis potius partes esse, ut quo plus sit in reliqua actione, id actor ferat, si tantumdem aut minus id (NON) consequatur*[1]. Les derniers mots du texte, *si tantumdem aut minus id consequatur*, à coup sûr ne reproduisent pas fidèlement le manuscrit de Paul. Traduits littéralement, ils signifieraient : « Si l'action que le demandeur a réservée doit lui procurer une somme égale ou inférieure à celle qui lui a été attribuée sur l'exercice de la première action, il obtiendra cette somme. » Cette solution est évidemment l'opposé de celle qu'appelle le mouvement de la phrase. Tout le monde s'accorde à corriger la leçon du copiste ; les uns lisent *NIL consequatur* ; les autres pensent que le copiste a omis une négation et qu'il faut lire *id NON consequatur*. Dans les deux cas, le sens est le même. Avec cette correction, l'enchaînement des idées est manifeste. Cette restitution de la lettre et de l'esprit du texte serait, au besoin, confirmée par les applications que Paul a faites de sa théorie : L. 1, *vi bonorum raptorum* (47, 8) ; — L. 88, *de furtis* (47, 2) ; — L. 1, *arborum furtim cæsorum* (47, 7) ; — L. 11, *eodem titulo* ; — et notamment L. 34 pr., *de oblig. et act.* (44, 7). Dans cette dernière application, Paul vise le cas où un esclave étranger est battu injurieusement : le demandeur, dit-il, aura le choix entre l'action d'injures et l'action de la loi *Aquilia*. Si celle-ci est intentée la première, comme elle est la plus large, le demandeur ne sera pas reçu à agir ensuite par l'action d'injures ; si, au contraire, il a d'abord employé cette dernière action, il sera admis à intenter l'action de la loi *Aquilia* pour ce qu'elle peut procurer de plus que l'autre, en raison de l'estimation artificielle qu'elle comporte. ..... *sed si ante injuriarum actum esset, teneri eum ex lege Aquilia (quidam putant); sed et hæc sententia per prætorem inhibenda est ; nisi in id, quod AMPLIUS ex lege Aquilia competit, agatur. Rationabilius itaque est, quam voluerit actionem prius exercere : quod autem AMPLIUS in altera est, etiam hoc exsequi.*

Cette théorie suppose aux deux actions une communauté totale ou

---

[1] L. 41, § 1er, *Dig.*, *De oblig. et act.*, XLIV, 7.

partielle d'objet; mais si elle convient parfaitement pour régler le concours partiel qui peut s'élever entre deux actions civiles en réparation de dommage, *ut bis idem non exigatur*, elle est aussi peu juridique que celle de Modestin quand on la transporte en matières d'actions pénales qui ont même origine, sans avoir même objet.

Ces divergences, dit précisément M. de Savigny [1], viennent de la confusion que beaucoup faisaient entre la communauté d'origine et la communauté d'objet de plusieurs actions : ils voyaient une communauté d'objet là où l'analyse scientifique ne trouve qu'une communauté d'origine. Ils se sont laissés tromper aussi par la similitude apparente du rapport existant entre plusieurs actions pénales et plusieurs actions en réparation de dommage, et enfin, par la nature ambiguë des actions pénales mixtes.

SECTION IV.

JURIDICTION ET PROCÉDURE.

Il serait difficile de préciser quelle fut à l'origine, au temps de la loi des XII Tables, la procédure de l'action d'injures et devant quelle juridiction cette action était portée. On voit bien, dès cette époque reculée, une distinction exister entre la juridiction civile et la juridiction criminelle, les comices par centuries ou par tribus et le Sénat s'attribuer concurremment, et sans règle fixe, la connaissance des affaires criminelles qui intéressent la sûreté de l'État. Mais il n'était pas dans la nature d'une telle justice de s'émouvoir des offenses faites aux particuliers et il est probable que le délit d'injures, comme la plupart des autres délits privés, fut abandonné aux simples actions entre particuliers, devant la juridiction civile, qui appartenait alors aux consuls.

L'administration de la justice fut plus tard détachée des attributions des consuls pour être confiée aux préteurs, et à mesure que nous nous éloignons de la loi des XII Tables, les textes nous permettent

---

[1] SAVIGNY, *Syst.*, traduct. GUENOUX, t. V, p. 255.

5*

de suivre, d'une façon plus précise, la procédure de l'action d'injures : c'est devant le préteur qu'elle se poursuit, par un *judicium privatum* ordinaire : *injuriarum actio non privati sed publici judicii continet querelam.* Portée devant la même juridiction que les contestations sur la propriété ou les contrats, l'action d'injure n'était pas soumise à une procédure spéciale : elle suivait le cours habituel de la procédure de droit commun en matière civile. Par suite, sous la période formulaire, l'instance se divisait en deux phases bien distinctes, celle du *jus* et celle du *judicium :* la délivrance de la formule par le magistrat, d'une part ; l'examen, d'autre part, par le juge de la question de fait insérée dans la *demonstratio* et le prononcé par lui d'une peine pécuniaire *si paret* ou de l'absolution du défendeur *si non paret.*

Nous n'avons donc pas à insister sur cette procédure ; nous parlerons seulement de quelques particularités de la formule, relatives à la *demonstratio,* c'est-à-dire à l'allégation des faits sur lesquels la plainte est fondée et aux larges pouvoirs d'appréciation conférés au juge. Quant à l'étude de la preuve, qui pourrait trouver ici sa place, nous nous réservons d'en faire l'objet d'une section à part, à raison de son importance particulière.

La *demonstratio* doit être un exposé précis des faits d'où le demandeur prétend faire résulter l'injure dont il veut poursuivre la réparation. Le préteur, dans son édit, recommande en effet aux parties qui viennent lui réclamer la délivrance d'une formule, d'articuler soigneusement les faits injurieux dont elles se plaignent : *certum dicant quid injuriæ factum sit* ; nous en connaissons déjà la raison, *quia qui famosam actionem intendunt, non debent vagari cum discrimine alienæ existimationis*[1].

Cette *demonstratio* n'est pas en entier l'œuvre du demandeur ; elle est en partie celle du préteur, et les fragments de Paul, insérés dans la *collatio legum*[2], nous donnent d'intéressants détails sur le rôle qu'il avait à jouer dans cette première phase de l'instance. Le préteur ne s'en rapporte pas aux dires de la partie ; il se fait juge lui-même du point de savoir si les exigences de son édit sont remplies,

[1] L. 7, pr.
[2] T. II, ch. vi, § 3, 4 et 5.

en ce qui concerne la précision à apporter dans l'allégation des faits et facilite ainsi la mission du juge, en même temps qu'il la circonscrit nettement. *Certum autem an incertum dicat, cognitio ipsius prætoris est. Demonstrat autem hoc loco prætor non vocem agentis, sed qualem formulam edat.* Puis expliquant sa pensée par des exemples, Paul continue : *Certum non dicit, qui dicit pulsatum se vel verberatum ; sed qui et partem corporis demonstrat et quem in modum, pugno puta, an fuste, an lapide ea sit percussa, sicut formula proposita est :*

Quod Aulo Agerio a Numerio Negidio PUGNO MALA percussa est.

Illud non cogitur dicere dextra an sinistra nec qua manu percussa sit. Item si dicat infamatum se esse, debet adjicere quemadmodum infamatus sit. Sic enim et formula concepta est :

Quod Numerius Negidius SIBILLUM IMMISIT Aulo Agerio infamandi causa[1].

En ce qui concerne le montant de la condamnation, nous avons dit[2] suivant quelle distinction l'estimation *maxima* de l'injure pouvait être faite tantôt par le demandeur, tantôt par le préteur lui-même. Nous savons aussi qu'en deçà de la limite extrême qui peut ainsi lui être fixée dans la formule, le juge jouit d'un pouvoir d'appréciation extraordinairement étendu dans la fixation du taux de la condamnation. « Il faut surtout remarquer dans ce système, dit M. Demangeat[3], le pouvoir discrétionnaire laissé au juge. L'appréciation personnelle joue ici le plus grand rôle. On peut supposer deux juges, également intègres, également éclairés, saisis de la même *actio injuriarum*, il est à peu près certain qu'ils n'arriveront pas au même chiffre de condamnation. »

Cette pleine liberté d'action ressortait aussi nettement de l'édit que de la formule. Dans l'édit elle apparaissait sous ces mots : *prout quæque res erit animadvertam,* faisant allusion aux mille circons-

---

[1] Les mots *Sibillum immisit* sont une restitution de Huschke ; Girard lit *Libellum misit, op. cit.*, p. 481 ; Lenel, *das Edictum perpetuum*, p. 323, s'appuyant sur les sentences de Paul, V, 4, § 13, propose *fimum immisit.*

[2] Chap. I, sect. III.

[3] Demangeat, *Droit romain*, t. II, pp. 411-412.

tances qui peuvent accompagner le délit, et dont l'influence sur le taux de la condamnation doit être pesée par le juge. Dans la formule, elle se traduisait sous cette forme : *Quantam pecuniam BONUM ÆQUUM videbitur condemnari*[1]. Quand une estimation préalable de l'injure avait été faite par le demandeur ou par le préteur, nous pensons que dans la formule elle devait être indiquée ainsi : *Quantam pecuniam BONUM ÆQUUM, DUNTAXAT XM, videbitur condemnari* : ce qui révèle très nettement l'effet de cette estimation préalable. C'est un maximum qui s'impose au juge, en ce sens qu'il ne peut le dépasser, *duntaxat XM.*, mais il reste libre de le réduire si, après examen des circonstances, l'équité l'y invite, *si bonum æquum videtur*[2].

Des pouvoirs exorbitants du juge et des termes de la formule qui les consacrent, doit-on conclure que nous sommes en présence d'une action arbitraire ? On l'a soutenu : l'*actio injuriarum*, comme toutes les actions honoraires, est un *arbitrium*; et c'est en ce sens, dit-on, qu'il faut entendre cette phrase d'Ulpien : *Injuriarum actio ex bono et æquo est*[3]; car la formule des *arbitria* contient, comme signe caractéristique, les mots *ex fide bona, ex æquo et bono,* ou d'autres expressions ayant le même sens.

Nous n'hésitons pas à voir dans cette opinion une erreur certaine, du moins quand on considère cette action dans sa fonction originairement exclusive[4]. A quoi tendent en effet les actions arbitraires ? A soustraire le demandeur aux inconvénients d'une condamnation purement pécuniaire, en lui assurant une satisfaction adéquate à l'objet de son droit. La *clausula arbitraria* le prouve à l'évidence : *Nisi restituat, exhibeat, solvat.* Mais quand il s'agit de réparer une atteinte immédiate à l'honneur, à la réputation, en quoi consisteraient cette restitution, cette exhibition, ce paiement? S'il est une satisfaction adéquate au but poursuivi, elle ne peut assurément consister que dans le *jugement* de condamnation, rendant à la victime de l'injure la

---

[1] V. Lenel, *Das Edictum perpetuum*, p. 321.

[2] Rappelons, en ce qui concerne les délits prévus par la loi *Cornelia*, que l'estimation est toujours l'œuvre du juge : c'est du moins la conclusion que nous avons cru pouvoir tirer de la loi 37, § 1er, *in fine*, de notre titre.

[3] L. 11, § 1er.

[4] Ihering, *op. cit.*, p. 99.

considération à laquelle elle pouvait prétendre devant l'opinion publique ; or cette satisfaction est l'œuvre du juge et non de l'auteur du délit. Quant à l'amende prononcée, elle n'est évidemment pas l'objet du droit du demandeur, elle n'est qu'un moyen, tant de punir la faute commise que d'en prévenir la récidive. Nous ne voyons pas, dès lors, en quoi consisterait cette alternative, dans laquelle le juge de l'*actio arbitraria* peut mettre le défendeur d'avoir à *restituer*, s'il ne veut encourir une condamnation pécuniaire dont le taux élevé constitue pour lui une menace, une contrainte indirecte. On ne peut donc pas poser en principe que l'*actio injuriarum* est une action arbitraire, puisque dans ses applications ordinaires il n'y a pas place à l'*arbitrium* du juge.

Dans quelques-unes de ses applications ultérieures, comme action supplétoire, il semble au premier abord qu'il en fût autrement. Ainsi dans le cas, déjà cité, *si rem suam tollere prohibeatur*[1], l'acheteur a le choix entre l'*actio injuriarum* et l'*actio ad exhibendum*. Dans cette dernière, le juge avait sûrement le droit de comminer une peine pécuniaire dont le taux était laissé à son appréciation, et qui n'était encourue qu'en cas d'inexécution de la première sentence : *nisi exhibeat*. Or, l'*actio injuriarum* n'aurait pas été mise sur la même ligne que l'*actio ad exhibendum* si elle n'avait été également propre à atteindre ce but.

Nous croyons en effet que dans cette hypothèse le juge de l'action d'injures pouvait ordonner la restitution de la chose (résultat identique à celui de l'action *ad exhibendum*), mais là ne s'arrêtait pas son pouvoir : il pouvait en outre frapper le défendeur d'une peine pécuniaire pour l'atteinte injuste faite au droit du demandeur. L'*actio injuriarum* nous paraît avoir ici une portée plus étendue que l'action *ad exhibendum*; il serait étrange que le droit romain eût mis deux actions au service du demandeur s'il n'y avait aucune différence entre elles. Dès lors l'analogie partielle du résultat (obtention réelle de la chose) ne nous permet pas de conclure à l'identité complète des deux actions et notamment de ranger l'*actio injuriarum* dans la classe des actions arbitraires, surtout si l'on se rappelle que dans sa fonction primitive, qui est restée sa fonction ordinaire, elle ne peut pas

[1] L. 25, *Dig.*, *De act. empti*, XIX, 1.

avoir ce caractère, et que sa fonction ultérieure ou supplétoire n'a jamais été nettement aperçue par les jurisconsultes romains qui ne distinguent nulle part l'action *concrète* de l'action *abstraite* d'injures.

Comment expliquer alors, dans l'espèce citée, que l'action d'injures ait pu assurer au demandeur un résultat pratique analogue à celui de l'action *ad exhibendum?* « La procédure n'aurait pu aboutir à ce résultat, s'il était vrai que dans toutes les actions qui n'appartiennent pas à la classe des *actiones arbitrariæ*, le juge romain ne pouvait, durant le procès, faire aucune injonction aux parties litigantes. Mais les Romains étaient trop sensés pour lier ainsi les mains au juge ; même dans les *actiones stricti juris*, il avait des pouvoirs plus étendus. Il pouvait y rendre les jugements interlocutoires qui étaient commandés par l'intérêt de l'expédition convenable de la cause[1]... »

Qu'y a-t-il d'étrange à ce que cette procédure fût appliquée, le cas échéant, à l'*actio injuriarum,* qui fait partie des *actiones in bonum et æquum conceptæ*, actions d'une nature anormale, dans lesquelles le juge jouit de pouvoirs exceptionnels d'appréciation qu'il n'a pas ailleurs[2] ? Pour assurer l'obéissance à ces injonctions, à ces ordonnances prononcées *expediendæ rei causa*, l'exécution de ces jugements interlocutoires, le juge n'avait qu'un moyen indirect : menacer le défendeur d'une condamnation éventuelle tellement forte que c'eût été folie de résister plus longtemps. Or ce moyen, le juge pouvait d'autant plus facilement l'appliquer au cas de l'action d'injures, que la fixation du montant de la condamnation était ici abandonnée à son entière appréciation. Il pouvait donc indirectement, mais efficacement, forcer le défendeur à obéir à ses ordres, par exemple, dans le cas de la L. 25 citée, à souffrir l'enlèvement de la chose ; dans le cas de la loi 15, § 31 (*de injuriis*), à renoncer à la saisie pratiquée de sa propre autorité, — sauf à condamner ensuite, comme dans tout autre cas, le défendeur à la satisfaction personnelle qui lui semblait convenir du chef de la lésion injurieuse commise.

---

[1] IHERING, *op. cit.*, pp. 100-101.
[2] Dans cette même classe, à côté de l'action d'injures, il faut ranger l'action *de sepulcro violato, de effusis et dejectis rei uxoriæ ;* leur caractéristique à toutes c'est, à l'origine du moins, de ne reposer que sur un intérêt purement moral ; par suite, la condamnation y est appréciée par le juge avec une latitude qu'il n'a pas ailleurs ; jusqu'à la *litis contestatio*, elles ne comptent pas dans notre patrimoine et ne se transmettent pas à nos héritiers. ACCARIAS, t. II, p. 1134, note 1.

Telle était la procédure de l'*actio injuriarum* devant la juridiction civile sous la période formulaire. Avec l'Empire tout change : au civil, la procédure formulaire fait place à la procédure extraordinaire, déjà parfois employée dès l'âge précédent. Le préteur connaît désormais de l'affaire tout entière ; il estime l'injure, en pèse les circonstances atténuantes ou aggravantes et condamne, comme par le passé, l'auteur du délit à payer à sa victime une somme déterminée[1]. Au criminel, on crée, à côté des *quæstiones perpetuæ*, des préfets ayant pour mission de poursuivre tous les délits dont la connaissance n'était pas attribuée aux *quæstiones* par une loi spéciale. Ces préfets, avec le temps, empiètent sur la juridiction des *quæstiones perpetuæ*, qui disparaissent bientôt, sans que l'on puisse assigner une date précise à la fin de cette institution. Tout ce que l'on peut affirmer, c'est que cette réforme, commencée de bonne heure, fut consommée en 205, ainsi que nous l'apprend un rescrit de Septime Sévère, attribuant à ces préfets la répression de tous les délits commis à Rome et dans un rayon de cent milles autour de la capitale.

Enfin, une autre réforme, déjà signalée, s'accomplissait vers la même époque : la faculté, d'abord limitée, d'agir au choix de la partie lésée, soit par une action civile, soit par une action criminelle, fut étendue à toute espèce d'injures. La poursuite criminelle était portée devant ces préfets spéciaux, la poursuite civile devant les juges de droit commun. La première n'aboutissait pas nécessairement, comme la seconde, à une condamnation pécuniaire et l'on avait imaginé des peines variées tendant à la répression des injures considérées les plus graves aux yeux des Romains, et dont l'énumération n'offre pas un grand intérêt. Remarquons seulement que l'infamie était la conséquence de toute condamnation civile ou criminelle ; l'édit assimilait même la transaction à la condamnation.

Enfin, tandis qu'au civil on pouvait toujours plaider par procureur, le principe contraire l'emportait au criminel : une seule exception fut apportée à cette dernière règle par Zénon en faveur des *illustres,* nous en avons parlé[2].

---

[1] Cette substitution d'une procédure à l'autre ne s'est pas accomplie en un moment : elle fut l'œuvre d'une lente élaboration qui, commencée à la fin de la République, ne s'est terminée qu'au IIe siècle. Le préteur notamment, en notre matière, appliqua longtemps encore après l'avènement de l'Empire la procédure formulaire.

[2] L. 11, C., *De Injuriis,* IX, 35.

SECTION V.

DE LA PREUVE.

Tout délit d'injure suppose la réunion de trois éléments : un acte, une intention, une atteinte outrageuse. Le demandeur qui se plaint d'avoir été injurié doit-il établir la coexistence de ces trois éléments constitutifs du délit ? Il doit évidemment prouver que l'acte à raison duquel il exerce des poursuites, voies de fait, écrit, paroles, a réellement été commis. C'est la règle obligée dans tout procès : elle n'a rien de particulier à la matière de l'injure.

Supposons établie la matérialité de l'acte ; l'intention malveillante qu'il s'agit de punir se suppose-t-elle chez le défendeur ou la preuve en doit-elle être faite par le demandeur ? Il est des actes dont le caractère injurieux est évident ; il en est d'autres, au contraire, qui peuvent, suivant les circonstances, revêtir deux caractères différents, l'un inoffensif, l'autre injurieux. La raison inviterait, dans le doute, à présumer de la pureté des intentions et à rejeter, par suite, sur le demandeur le fardeau de la preuve contraire. Est-ce là la solution consacrée par le droit romain ? Il semble, disent timidement les commentateurs, car les textes ne donnent pas de réponse absolue à la question, que les jurisconsultes romains se soient ralliés à la théorie opposée : L'intention malveillante est présumée, sauf au défendeur à faire la preuve de la pureté de ses intentions.

Tel est aussi notre avis et, suivant nous, ce n'est pas une simple probabilité mais une certitude. La préoccupation de l'intention de l'agent domine souverainement, il est vrai, dans un certain nombre d'espèces citées au *Digeste*[1] ; mais si la nécessité de l'intention y est ainsi mise en évidence, c'est dans le but unique de séparer nettement le domaine de l'action d'injures du domaine propre à l'action de la loi

---

[1] L. 13, § 3, L. 15, §§ 32, 33 ; L. 19, L. 20, L. 32, où se retrouvent les mots *injuriæ faciendæ causa, vexandi causa, animus injuriandi.*

Aquilia. Cela ne tranche pas la question de la preuve, et nulle part nous ne voyons les juristes romains s'essayer à déterminer plus exactement l'*animus injuriandi*. Il arrive même souvent qu'ils n'en parlent pas et qu'ils estiment suffisante l'existence des conditions légales extérieures. Et puis le mobile qui a poussé l'agent est trop intime pour être sûrement connu par d'autres que par lui ; comment pénétrer dans ce for intérieur pour y rechercher le caractère inoffensif ou malveillant de l'intention ? Cette intention, se traduisant extérieurement par un acte qui constitue une lésion du droit d'autrui, doit être présumée injurieuse, tant que l'auteur du délit ne fait pas la preuve contraire.

N'est-ce pas à cette théorie que se ralliait, en la consacrant, l'auteur de la loi *Cornelia,* lorsqu'il accordait au plaignant la faculté de déférer au *reus* le serment décisoire sur le point de savoir si oui ou non il avait eu l'intention de faire injure[1] ? Cette pratique sembla commode aux préteurs pour sortir d'embarras dans des difficultés analogues, et ils l'adoptèrent dans tous les cas où ils avaient à connaître de procès intentés pour injure.

Enfin, nous croyons trouver dans un texte que les auteurs discutent ailleurs, mais qui, pour nous, doit trouver ici sa place, la preuve certaine de la présomption que nous avons posée : c'est le rescrit des empereurs Dioclétien et Maximien, connu sous le nom de loi *Si non convicii.* Voici ce texte : *Si non convicii consilio te aliquid injuriosum probare potes, fides veri a calumnia te defendit*[2]..... La théorie qui s'en dégage est la suivante : quand un même acte peut avoir un double caractère, c'est le caractère injurieux, ou l'intention malveillante qui se présume, et par suite, cette présomption ne pourra tomber que devant la preuve contraire, faite par le défendeur, de la pureté de ses intentions. Nous retrouverons ce texte au cours de la discussion que nous allons aborder ; nous verrons qu'il est étranger à cette discussion, qu'il se réfère exclusivement à l'influence de l'élément intentionnel en matière d'injures, et nullement, comme on le soutient, au point de savoir si l'allégation d'un fait vrai constitue une fin de non-recevoir à l'action d'injure.

---

[1] L. 5, § 8.
[2] L. 5, Code, IX, 35.

6

Les parties sont devant le juge, la matérialité du fait est établie, l'intention non douteuse : le défendeur pourra-t-il se lever et dire : « Oui j'ai proféré tel outrage, oui j'ai dit que *Primus* est un voleur, mais je suis prêt à démontrer ce que j'ai affirmé. » Le juge pourra-t-il admettre le défendeur à faire cette preuve, et en la supposant faite, devra-t-il l'acquitter ?

Tel est le problème qui nous reste à résoudre, problème difficile et le plus grave assurément qui s'impose au législateur lorsqu'il s'occupe de diffamation. Il s'agit en effet de concilier deux intérêts également respectables, mais qui semblent en cette matière se combattre l'un l'autre : l'intérêt de la justice qui s'oppose à ce qu'un homme soit puni pour avoir dit la vérité, et l'intérêt de la société qui ne saurait s'accommoder de la divulgation des faiblesses de l'un de ses membres. Faire à chacun de ces intérêts sa part légitime est chose malaisée. Placé entre ces deux alternatives, permission de dire toute la vérité que conseille la raison, prohibition de ne rien dire de blessant pour autrui que commande la morale, le législateur a un rôle délicat à remplir, et le mieux est peut-être de se tenir à égale distance de l'absolu philosophique et de la perfection morale.

N'est-ce pas à un système éclectique de ce genre qu'a abouti l'évolution romaine ?

Une loi de Solon admettait pleinement comme moyen de défense la preuve du fait diffamatoire. M. Chassan[1], s'appuyant sur la tradition fort contestée aujourd'hui[2] du voyage des Décemvirs en Grèce, enseigne que le principe de droit romain est le même que celui de la législation athénienne. Cette doctrine est trop problématique pour être admise en ce qui concerne la loi des XII Tables. Dans les fragments que nous avons cités et qui touchent à l'injure, nulle distinction n'est faite entre l'allégation fondée et l'allégation non fondée : il suffit qu'elle soit injurieuse, semble-t-il, pour encourir la répression.

Que par la suite, l'édit du préteur ait adouci la rigueur de cette législation primitive et admis, dans une certaine mesure, l'excuse tirée de la vérité de l'imputation, cela est possible, cela est même

---

[1] CHASSAN, *Traité des délits de la Parole et de l'Écriture*, t. 1, p. 322.

[2] V. Introduction historique aux *Éléments de Droit romain*, d'HEINNECIUS, par M. Giraud.

rendu probable par un passage d'Horace, d'autant plus soigneusement recueilli par les auteurs, que c'est le seul document relatif à notre matière, depuis la loi des XII Tables jusqu'au règne d'Alexandre Sévère.

Dans ce passage, le poète causant familièrement avec un ami de Cicéron, l'illustre jurisconsulte Trebatius Testa, lui demande dans quelle mesure la satire peut attaquer les gens sans s'exposer aux rigueurs de la loi[1] :

TREBATIUS.

.... *Equidem nihil hinc diffingere possum*
Sed tamen, ut monitus caveas ne forte negoti
Incutiat tibi quid sanctarum inscitia legum :
Si mala condiderit in quem quis carmina jus est
Judiciumque....

HORATIUS.

Esto si quis mala ; sed bona si quis
Judice condiderit laudatus Cæsare ? Si quis
OPPROBRIIS DIGNUM latraverit INTEGER IPSE ?

TREBATIUS.

Solventur risu tabulæ : tu missus abibis.

Il est permis de tirer de ce dialogue une double conclusion : 1° La loi des XII Tables punissait sans distinction la diffamation et la calomnie, c'est-à-dire toute allégation injurieuse, vraie ou fausse. C'est ce qui nous paraît résulter de l'expression *solventur tabulæ,* qui indique non pas une application des XII Tables, mais plutôt une dérogation à cette loi, introduite par les mœurs; 2° La jurisprudence prétorienne se relâchant un peu de la rigueur des lois, *solvens tabulas,* admit la preuve du fait diffamatoire : *veritas convicii excusat.*

Sous le règne d'Alexandre Sévère, nous rencontrons un document

---

[1] HORACE, Satire I, livre II, vers 79 et suiv.

d'une grande importance : c'est un fragment de Paul sur l'édit. Ce texte n'a pas seulement l'autorité restreinte qui s'attache à l'opinion personnelle d'un jurisconsulte distingué ; il fut érigé en loi par Constantin en 327 (caractère qui lui fut confirmé par la *loi des citations* en 426), inséré au *Code Théodosien* et conservé par Justinien dans les *Pandectes*[1]. On ne peut nier, par conséquent, qu'il ne soit l'expression exacte de la législation romaine et qu'il ne la résume toute entière[2].

Eum qui nocentem infamavit non esse bonum et æquum ob eam rem condemnari : peccata enim nocentium nota esse et opportere et expedire.

La traduction de ce texte ne présente pas de difficulté, mais en revanche son interprétation a soulevé de nombreuses controverses et donné naissance à des systèmes très variés. Farinacius, qui écrivait à la fin du xvi° siècle, en connaît déjà dix, outre celui qu'il préconise[3]. Notre intention n'est pas d'étendre démesurément le cadre de cette étude par l'examen de ces différentes opinions, d'ailleurs souvent très voisines les unes des autres[4], et que l'analyse permet de ramener à deux systèmes principaux que nous nous contenterons d'exposer rapidement.

Le premier est fort radical ; il ne comporte ni moyen terme ni demi-mesure, ne distingue nullement entre les faits de la vie privée et ceux de la vie publique, entre ceux dont la divulgation importe à l'intérêt général et ceux que personne n'a intérêt à connaître. Il se résume en

---

[1] L. 18, pr., *D., De inj. et fam. libellis,* xlvii, 10.

[2] Nous ne serions pas étonné néanmoins de voir contester l'importance qu'avec un certain nombre de commentateurs, nous prêtons à ce texte. Peut-être dans la pensée de Paul n'avait-il pas la portée générale que nous lui accordons ici, et ne s'appliquait-il qu'à une hypothèse particulière soulevée par le jurisconsulte. Nous reconnaissons volontiers aussi que les conséquences attachées à son insertion dans le *Code Théodosien* et les *Pandectes* peuvent nous faire encourir le reproche d'exagération. C'est faire aux auteurs du *Code Théodosien* et de la compilation Justinienne un honneur peut-être immérité que de croire qu'ils ont toujours pesé exactement la portée des textes qu'ils détachaient des ouvrages de jurisconsultes nombreux pour les juxtaposer, le plus souvent sans esprit de suite. Étant donné ces procédés, peut-on bien affirmer qu'en insérant la loi *Eum qui nocentem* ils entendaient résumer en une formule doctrinale toute la législation romaine sur la preuve du fait diffamatoire ?

[3] *Farinacii opera,* t. III, *quæstio* CV.

[4] « *Paulo aliter sentientes* », dit Voet (*comm. ad Pand., De inj.,* édit. Maurice, t. IV, § 9, pp. 435, 436), énumérant les commentateurs dont le système s'éloigne quelque peu de celui qu'il expose.

deux mots : l'imputation d'un fait vrai ne peut jamais constituer une injure ; c'est l'admission dans sa portée la plus large du principe : *veritas convicii excusat.*

Pierre Jacobi, l'auteur de ce premier système, accepte donc le principe posé par la loi *Eum qui nocentem,* mais il méconnaît les considérations d'ordre public qui lui servent de fondement et viennent, par suite, en limiter le champ d'application: *peccata enim nocentium et opportere et expedire.* Trebatius ne faisait aucune allusion à cette dernière restriction quand il exposait à Horace l'influence de la vérité sur le fait allégué : *tu missus abibis.* Jacobi ne se serait-il pas laissé séduire par une opinion antérieure de plus de deux siècles à la loi à laquelle il donne une portée si étendue ?

Voyons quelques-unes des applications qu'il fait lui-même de sa doctrine : Ainsi, dit-il, je vous appelle *filius meretricis,* et en cela je ne dis que la vérité. Y a-t-il injure ? En aucune façon, ainsi le veut la loi *Eum qui nocentem.* Si, pour vous diffamer, je vais répandant partout que vous êtes mon débiteur et que cela ne soit pas vrai, il y a injure ; mais si vous me devez réellement de l'argent, de quoi vous plaignez-vous ? Autant dire que j'injurie un aveugle en lui disant qu'il est aveugle, un bossu en lui disant qu'il est bossu. Et poussant hardiment son système jusqu'au delà de ses limites extrêmes, Jacobi cite naïvement l'exemple suivant : D'après la loi lombarde, dit-il, appeler un homme *cucurbitam* (mari trompé), c'est proférer une injure qui confère le droit d'exiger le duel ; « *sed si ego cui vocavi Martinum* « *cucurbitam, paratus essem probare illud esse verum, certe nullus* « *dicat quod ego cogor subire duellum cum eo, et sic apparet* « *quod, illo probato, debet cessare injuria, et ita tenebat dominus* « *Bermundus*[1]. » Ainsi la vérité de l'allégation n'est pas, pour Jacobi, une atténuation ou une excuse ; elle rend impossible la naissance même de l'injure : *forma enim injuriæ non invenit ibi materiam paratam ad recipiendam injuriam.*

Il faut du moins rendre cette justice à Jacobi qu'il ne pouvait choisir un exemple mieux approprié pour faire apprécier les conséquences

---

[1] Les œuvres de Jacobi sont d'une extrême rareté ; nous empruntons cette citation à M. Grellet-Dumazeau, dans sa dissertation sur la preuve du fait diffamatoire en droit romain : *Revue de Législation* de 1846, tome I, pp 385 et suiv.

et les vices de sa doctrine. Avec ce système, un honnête homme, victime de malheurs conjugaux souvent immérités, pourra devenir un objet de risée pour ses concitoyens. On pourra réveiller, malgré lui, le souvenir d'une faute qu'il a peut-être pardonnée pour aider à la faire oublier, et dans ces fâcheuses conjectures, la loi, loin de lui fournir un appui, couvrirait de sa protection celui qui cherche ainsi à jeter sur lui le ridicule et l'offense.

Au temps déjà de Jacobi et de Bermundus et du texte même de la loi *Eum qui nocentem*, sérieusement analysée, sortit le second système qu'il nous reste à exposer et qui est seul admis aujourd'hui par la critique juridique : l'allégation d'un fait diffamatoire n'est pas punissable, lorsque la preuve de ce fait est rapportée et que sa divulgation intéressait la société.

Cette doctrine, conforme à la saine raison, n'est pas moins en harmonie avec le texte de la loi. Sur quoi se fonde, en effet, l'impunité accordée au diffamateur qui a prouvé la vérité de son allégation ? Uniquement, nous dit Paul, sur une considération d'utilité : *peccata enim nocentium nota esse et opportere et expedire*. Pour que la maxime *veritas convicii excusat* soit applicable, une double condition doit être remplie : 1° que le diffamé soit un *nocens* ; 2° que la divulgation de son *peccatum* soit avantageuse à l'intérêt général [1]. Or, s'il est bon et nécessaire que la société soit informée de certains méfaits que peut commettre un de ses membres, il n'est certainement ni bon ni nécessaire d'apprendre au public que Pierre est un *filius meretricis,* ou de prouver que Paul est trompé par sa femme (*cucurbitam*). La naissance du premier ne constitue pas un *peccatum*, et l'infortune conjugale du second ne suffit pas à le ranger dans la catégorie des *nocentes ;* ce peut être un malheur d'être trompé par sa femme ; à coup sûr, ce n'est ni un crime, ni une faute, n'en déplaise à Jacobi. D'autre part, nous voyons bien ce que la tranquillité des familles pourrait perdre à la divulgation de pareils scandales, mais nous ne voyons pas ce que l'intérêt général pourrait y gagner.

Ces considérations, rapprochées des arguments de textes, avaient conduit les plus célèbres commentateurs, André Gaïll, Julius Clarus,

---

[1] V. VOET, *op. et loc. cit.*

Vinnius, Grotius, Voët, Cujas.... à adopter dans ses grands traits
le système que nous venons d'exposer et auquel le texte de Paul sert
de base; mais la diversité des opinions était extrême quand il s'agis-
sait d'en faire l'application, de déterminer quels sont ces *nocentes*
qu'il est avantageux de démasquer. Cette question pratique fut une
nouvelle source de controverses et enfanta les nombreux systèmes
dont parle Farinacius. Sans doute, il ne s'en trouva plus pour soutenir
avec Jacobi qu'il importait à la société d'être renseignée sur le sort
des maris et la vertu de leurs femmes, mais on en vit prétendre qu'il
était conforme à la loi de divulguer les maladies contagieuses dont
certaines personnes étaient atteintes, afin de mettre les autres en
garde contre leur contact, ou de trahir le vice de la naissance d'une
personne afin d'empêcher qu'elle ne parvînt à certaines dignités,
« oubliant ainsi, dit fort bien M. Grellet-Dumazeau, que la loi ne
s'était préoccupée de l'intérêt public qu'en haine du coupable et de
ses fautes [1] ».

Ne nous arrêtons pas à ces détails sans grand intérêt aujourd'hui.
Nous voulions dégager un principe et il nous suffit d'avoir établi que
de la loi *Eum qui nocentem* résulte à l'évidence la maxime *veritas
convicii excusat*, mais aussi que cette maxime n'a pas la large portée
d'application que lui donnent Jacobi et Bermundus; elle est limitée
dans sa sphère par la considération même qui lui sert de fondement :
seul l'intérêt général peut autoriser la preuve du fait diffamatoire
et innocenter le coupable.

La loi *Eum qui nocentem,* à laquelle nous venons de rétablir son
véritable sens, marque, selon nous, le dernier état de la législation
romaine sur la preuve du fait diffamatoire. On a pourtant soutenu
qu'à un moment cette preuve ne suffisait plus pour absoudre le diffamateur, mais que ce dernier devait encore, pour échapper aux poursuites, justifier qu'il avait agi sans esprit d'injure, et c'est dans un
texte inséré au *Code de Justinien* [2], qu'on prétendit trouver la confir-
mation de cette opinion nouvelle :

*Si non convicii consilio te aliquid injuriosum dixisse probare
potes, FIDES VERI a calumnia te defendit. Si autem in rixam*

---

[1] *Loc. cit.*, p. 399.
[2] L. 5, C., *De Inj* , IX, 35.

inconsulto calore prolapsus, homicidii convicium objecisti, et ex eo die anno excessit, cum injuriarum actio anno tempore præscripta sit, ob injuria admissum conveniri non potes.

Toute la doctrine que nous nous proposons de combattre repose sur ces mots *fides veri,* et la difficulté réside dans la traduction de cette expression, dont la concision n'est pas exempte d'ambiguïté. Cette expression se rapporte-t-elle au premier membre de phrase, *si non convicii consilio;* se rapporte-t-elle au second, *a calumnia te defendit?*

Nos adversaires admettant cette dernière hypothèse, traduisent sans hésitation : « Si tu peux prouver que le propos diffamatoire qu'on te reproche n'a pas été proféré par toi avec intention de nuire, *la preuve de la vérité (fides veri) du fait que tu as imputé* te met à l'abri de l'action en calomnie. » Cette explication n'explique rien. Il résulterait en effet du texte ainsi traduit que, pour échapper à l'action d'injures, le diffamateur devrait prouver deux choses :

1º Qu'il n'a pas eu l'intention de nuire ;

2º Que le fait par lui allégué est vrai.

Mais à quoi bon ces deux preuves? La première ne le dispense-t-elle pas de la seconde ? L'intention malveillante est un élément constitutif de l'injure ; quand elle fait défaut, il ne saurait y avoir délit, et il importe peu, dès lors, de savoir si l'imputation est fondée ou non.

Sans nous arrêter dans le détail des discussions purement philologiques dont ce texte a fait l'objet ; sans nous appesantir davantage sur des arguments historiques qui n'ont qu'un lien presque imperceptible avec notre sujet, nous croyons qu'on peut sans témérité traduire comme il suit le rescrit de Dioclétien : « Si tu peux prouver que le propos diffamatoire qu'on te reproche n'a pas été proféré par toi dans un esprit d'injure, *la foi due à la vérité (fides veri),* c'est-à-dire la preuve de la pureté de tes intentions, te met à l'abri de toute action en diffamation. » Ainsi compris, le rescrit de Dioclétien n'est plus une anomalie ; il exprime simplement une vérité élémentaire : l'intention de nuire est un élément essentiel de toute culpabilité ; démontrez que vous n'avez pas eu cette intention et vous serez acquitté. Cela n'a rien que de fort raisonnable et de peu nouveau ; et il y a quelque hardiesse à vouloir faire sortir d'un texte tout au moins équivoque la négation du principe si clairement énoncé par la loi 18 : *veritas convicii excusat* en tant que la divulgation du fait intéresse la société.

Les partisans du système que nous combattons ont voulu lui chercher un autre appui dans une constitution de Constantin, enjoignant de punir les auteurs de *libelles diffamatoires*, même quand ils rapporteraient la preuve des faits qu'ils imputaient à autrui[1]. Dioclétien, dit-on, aurait accompli, en 290, pour la diffamation verbale, l'innovation que Constantin devait réaliser quelques années plus tard pour la diffamation écrite.

Cette induction est plus que problématique, et il nous paraît fort peu juridique d'aller chercher le sens de la loi 5, dans un texte qui lui est postérieur de plus de 30 ans. Et puis, nous le savons, la législation sur les libelles diffamatoires a toujours été empreinte d'une sévérité particulière que rien ne nous autorise à appliquer ici à la diffamation verbale ; or, d'après le système que nous rejetons, l'injure verbale aurait été réprimée plus sévèrement que le libelle, pendant le laps de temps qui sépare l'apparition de nos deux textes, de Dioclétien à Constantin. Depuis la loi des XII Tables, jusqu'à Justinien, nous voyons toujours le législateur se montrer plus indulgent pour la parole que pour l'écriture ; en matière de preuve, si l'aggravation avait commencé par l'injure verbale pour aboutir au libelle, il serait tout au moins étrange que les jurisconsultes de l'époque ne nous eussent pas signalé avec plus d'attention ce contre-sens dans l'évolution des idées romaines en matière d'injures. Enfin l'innovation de Constantin n'eut pas seulement un caractère spécial, en ce sens qu'elle ne visait que les *famosi libelli* ; elle eut aussi un caractère transitoire et ne survécut pas aux circonstances qui l'avaient inspirée. Née à l'occasion des pamphlets dont les schismatiques poursuivaient les chrétiens du IIIe siècle, elle n'eut plus de raison d'être quand la paix religieuse fut rendue à l'Empire. Et ce fait que cette constitution, mentionnée entre plusieurs autres au *Code Théodosien*, a été omise

---

[1] Cette Constitution insérée au *Code Théodosien*, L. 1, *De famosis libellis*, est ainsi conçue : *Si quando famosi libelli reperiantur, nullas exinde calumnias patiantur ii quorum de factis vel moribus aliquid continebunt, sed scriptionis auctor potius requiratur, et repertus cum omni vigore cogatur his de rebus quas proponendas credidit, comprobare : nec tamen supplicio, etiamsi aliquid ostenderit, subtrahatur.*

6*

dans la compilation de Justinien, ne prouve-t-il pas que cet Empereur en a rejeté l'esprit, et que par suite, la maxime *veritas convicii non excusat* pleinement appliquée un moment aux libelles diffamatoires n'a eu qu'une durée éphémère ?

Nos adversaires sont mal fondés à invoquer cette constitution ; il ne reste donc que deux textes, la loi 18 au *Digeste (de Injuriis)* et la loi 5 au Code *(de Inj.)*; et d'après l'interprétation que nous en avons donnée, cette dernière est absolument étrangère à la discussion à laquelle on la rattache. Il n'y a aucune corrélation entre la loi *Eum qui nocentem* et la loi *Si convicii non consilio :* l'une traite de l'influence de la vérité du fait diffamatoire sur la poursuite intentée par la victime ; l'autre, de l'influence de l'élément intentionnel sur la naissance même de l'action d'injures. Le sens que l'on a voulu donner à la loi 5 est inadmissible, puisqu'elle conduirait à décider que la preuve du bien-fondé de l'allégation est nécessaire, là même où l'intention de nuire fait défaut, ce qui est un non-sens. En l'absence d'intention malveillante, il est vrai de dire, ce dont Jacobi faisait ailleurs une fausse application : *forma enim injuriæ non invenit ibi materiam paratam ad recipiendam injuriam,* que l'allégation soit vraie ou fausse. Sans doute l'opinion publique ne se préoccupe pas toujours des intentions du délinquant, et par un propos tenu avec les meilleures intentions, on peut causer à un tiers un dommage moral ; la preuve de la pureté de ces intentions n'en mettra pas moins obstacle à l'exercice de l'action d'injures, qui tend moins à réparer un dommage qu'à infliger une peine ; or toute peine suppose une faute, qui, elle ne se conçoit qu'autant qu'on prête à l'agent l'intention de la commettre : *cette intention se présume dans la diffamation, mais pour échapper à la condamnation, l'offenseur peut faire la preuve de la pureté de ses intentions,* voilà le sens exact de la loi 5.

En résumé, la première partie du rescrit pose un principe élémentaire qui n'a rien de nouveau : l'intention de nuire est un élément essentiel de toute culpabilité ; et la seconde partie, dont nous n'avons point encore parlé, n'est qu'une application de cette idée, l'emportement peut-il constituer une cause d'excuse ? Le doute se concevait fort bien : dans l'emportement la volonté n'étant plus suffisamment libre, suffisamment éclairée, on pouvait se demander si l'élément intentionnel subsiste néanmoins. A quoi les Empereurs répondent indirectement que l'emportement n'est pas exclusif de l'*animus injuriandi*, car s'ils déclarent que le diffamateur ne pourra pas être poursuivi, c'est uniquement parce que, dans l'espèce, il est couvert par la prescription annale.

Nous avions donc raison, en commençant cette étude, de laisser pressentir que l'évolution romaine sur la preuve du fait diffamatoire avait abouti à un système éclectique tenant le milieu entre le droit de tout révéler et la prohibition absolue de ne rien dire de blessant. Elle n'a consacré dans leur généralité ni l'une ni l'autre des deux maximes :

veritas convicii excusat

veritas convicii non excusat,

et la preuve, c'est que l'une et l'autre, accompagnées d'une restriction contraire, réflètent également la théorie romaine dans le dernier état du droit : *veritas convicii excusat, pourvu* que la divulgation du fait imputé intéresse la société ; *veritas convicii non excusat, sauf* lorsque le fait imputé est un de ceux dont la divulgation importe à l'intérêt général.

SECTION VI.

DE L'EXTINCTION DE L'ACTION.

Nous avons dit comment naît l'action d'injures, comment elle se poursuit, à quoi elle peut aboutir ; recherchons brièvement comment elle peut s'éteindre.

L'action d'injures comporte plusieurs modes d'extinction :

1° La mort soit du demandeur, soit du défendeur. La mort du défendeur explique tout naturellement l'extinction de l'action : le principe que l'héritier continue la personne du défunt ne peut pas faire fléchir celui de la personnalité des fautes.

Pour le demandeur, l'extinction de l'action dérive de son caractère essentiellement personnel de vengeance, qui fait que seule la personne lésée peut s'en prévaloir.

Toutefois Ulpien, qui formule le principe de l'intransmissibilité active et passive, le tempère immédiatement par une exception : *semel autem lite contestata, hanc actionem etiam ad successores pertinere*[1]. Si la mort soit du demandeur, soit du défendeur arrive au cours du procès et après la *litis contestatio*, l'action passera aux héritiers de l'un et de l'autre.

La *litis contestatio* opère, en effet, un changement de cause dans l'obligation, qu'il s'agisse d'une obligation née *ex delicto* ou *ex contractu ;* le lien de droit qui existe entre les parties procède non plus de l'injure elle-même, mais d'un contrat judiciaire dont les termes lient jusqu'à leurs héritiers. Au criminel, toutefois, ce tempérament n'est pas applicable : à quelque moment qu'elle arrive, la mort du prévenu éteint l'action pénale. La raison évidente en est qu'une telle action n'apporte aucun changement dans la composition des patrimoines respectifs du demandeur et du défendeur ; elle ne crée donc aucun intérêt pécuniaire nouveau dont puissent se prévaloir les héritiers de l'un ou dont soient tenus les héritiers de l'autre.

2° Le pardon, qui peut être exprès ou tacite.

Tacite, il se confond avec la prescription et résulte du silence gardé pendant un an par l'offensé : c'est le cas prévu par la loi *si non convicii*, commentée plus haut. Quant à l'action civile de la loi *Cornelia*, trentenaire depuis la constitution de Théodore le Jeune[2], elle avait été perpétuelle à l'origine : ce fut là une des raisons d'être de cette action, un des côtés par lesquels elle était plus énergique que l'action prétorienne, et par lesquels aussi elle réalisait le plus sûrement les vœux d'un législateur qui cherchait à aggraver la répression des injures réelles.

Exprès, le pardon peut résulter de plusieurs circonstances qu'énumère Ulpien dans le texte suivant :

Proinde et si pactum de injuria intercessit, et si transactum, et si jusjurandum exactum erit, actio injuriarum non tenebit[3].

Le pardon pur et simple, accordé par l'offensé, efface absolument

[1] L. 13, pr.

[2] L. 3, Code, *De præscriptione,* XXX *vel* XL *annis,* VII, 39, fixant à trente ans la plus longue durée des actions.

[3] L. 11, § 1er.

l'injure, en sorte que l'action devient sans motif comme sans utilité. L'effet du pardon obtenu à prix d'argent, au moyen d'un pacte ou d'une transaction, n'est pas aussi étendu. La peine principale ne peut plus être appliquée après un traité de ce genre, mais les jurisconsultes romains n'infligent pas moins la note d'infamie à l'offenseur[1]. Ils pensent, avec raison, que la richesse ne doit pas assurer l'impunité à ceux qui la possèdent, et ils voient dans la transaction même un aveu implicite de culpabilité.

En ce qui concerne le serment, la solution donnée par Ulpien, admissible pour un praticien, ne satisfait pas un jurisconsulte. Il n'est pas, en effet, d'une analyse juridique très exacte, de ranger le serment au nombre des causes d'extinction de l'action d'injures. La loi *Cornelia* accorde au plaignant la faculté (étendue plus tard par le préteur) de déférer au coupable le serment décisoire sur le point de savoir s'il a agi sans intention de nuire[2]. Ce serment une fois prêté, l'acquittement s'ensuit nécessairement ; mais ce n'est pas là, juridiquement parlant, éteindre l'action. L'action, au contraire, s'est exercée dans sa plénitude, puisque les parties sont allées *in judicio* ; elle n'a pas atteint son but, voilà tout ; le demandeur a perdu son procès, mais il y a eu procès.

Quelle que soit d'ailleurs l'origine du pardon, quelle que soit la forme, expresse ou tacite, sous laquelle il se manifeste, qu'il soit donné ou qu'il soit vendu, dès l'instant qu'il est accordé, il est irrévocable[3].

[1] L. 1, *Dig.*, *De his qui notantur infamia*, III, 2 : « *Infamia notatur...... qui furti, vi bonorum raptorum, injuriarum..... damnatus, pactusve erit.* »
[2] L. 5, § 8.
[3] L. 17, § 6.

TABLE DES MATIÈRES

LE DÉLIT D'INJURES

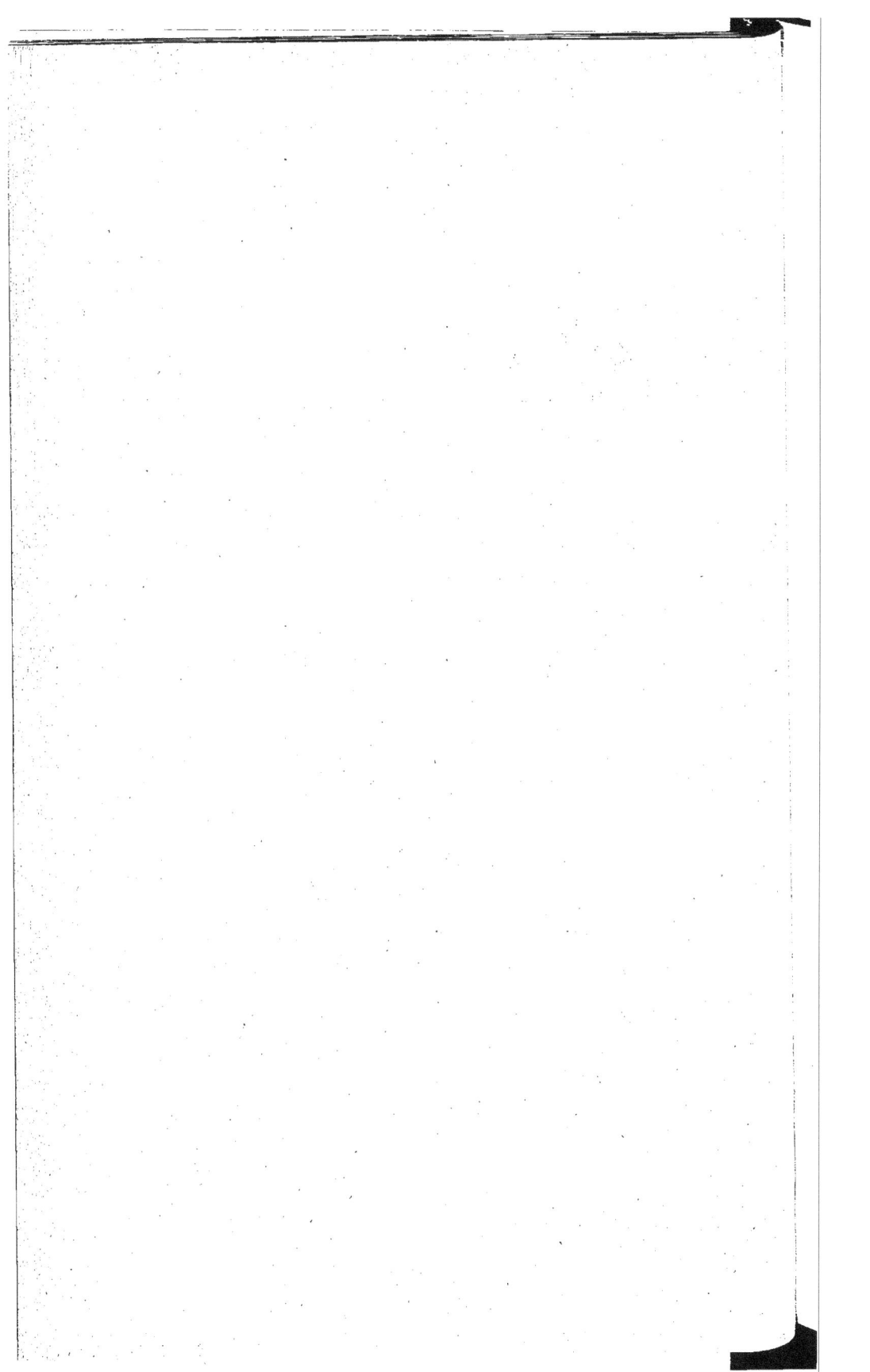

www.ingramcontent.com/pod-product-compliance
Lightning Source LLC
Chambersburg PA
CBHW071501200326
41519CB00019B/5826